Nous sommes tous des exilés !
avec Ezéchiel

Nous sommes tous des exilés !
avec Ézéchiel

Frédéric de Coninck

EMPREINTE
temps présent

ISBN : 2-906405-50-7

Couverture : David Passeron – Antony
Illustrations hors texte : Martine Bacher – http://www.logoscom.org
Photocomposition : Scriptura – 44, chemin de Géry – F-26200 Montélimar
Imprimé en France par : Iméaf – F-26160 La Bégude de Mazenc
Dépôt légal : 2e trimestre 2001 – N° d'impression : 01.0392

Diffusion

France
7 ICI Diffusion
48, rue de Lille
75007 Paris

Suisse
Brunnen Verlag
Wallstrasse, 6
4002 Bâle

Belgique
Centrale Biblique
Rue de la Motte, 8
1490 Court-Saint-Maurice

Canada
Interlivres
1701, rue Belleville
Ville Lemoyne J4P 3M2
Québec

Sites conseillés
www.relation-aide.com
www.librairie-7ici.com

La fin de l'ère du village

Nous sommes tous des exilés ! Qui habite, aujourd'hui, à l'endroit où il est né ? En France, une petite minorité de personnes. En 1980, encore, il m'est arrivé de rencontrer cette figure improbable : deux vieilles dames qui n'étaient jamais sorties du bourg où elles vivaient.

Les écoliers de la campagne s'exilent au moins pour aller au collège, puis pour trouver du travail. La voiture a aboli bien des distances. La télévision a fait pénétrer dans pratiquement tous les foyers d'autres cultures que celle du cru. Si l'on ne s'exile pas avec ses pieds on s'exile au moins avec sa tête. Le lieu où nous vivons est traversé d'influences culturelles multiples, quand encore nous pouvons parler d'un lieu. Notre vie éclate en une multiplicité de lieux : un lieu pour le travail, un lieu pour l'habitat, un lieu pour les achats, un lieu pour l'école, un lieu pour l'Église, un lieu pour les amis, un lieu pour les vacances. Ces lieux eux-mêmes se multiplient : nous changeons de travail, de domicile, d'hypermarché, d'école, d'Église, d'amis, de lieu de villégiature à un rythme de plus en plus élevé.

Nous sommes tous des exilés !

Nous sommes tous des exilés !
avec Ezéchiel

À l'aube de la révolution industrielle Hegel parlait d'aliénation pour dire que notre vie était dominée par une logique extérieure à nous-mêmes. Au départ, en français, le mot « aliénation » appartenait au vocabulaire du droit. On aliène un bien pour dire qu'on le vend, qu'on le fait changer de mains. Ensuite on a parlé d'un aliéné pour parler d'un fou, de quelqu'un qui ne s'habite plus lui-même. Pour Hegel, puis pour Marx, l'être humain est comme détaché de lui-même par les conditions socio-économiques dans lesquelles il vit[1]. Les salariés travaillent dans une entreprise qui ne leur appartient pas. Les locataires habitent dans un logement qu'ils ne possèdent pas. Ceux qui accèdent à la propriété remboursent l'argent qu'ils ont emprunté à d'autres. Nous mangeons des légumes que d'autres ont cultivés, que d'autres ont véhiculés, que d'autres ont vendus. 60 % des Français « partent » en vacances. Il est peu d'endroits où nous soyons chez nous. Nous « empruntons » des rues, des personnalités diverses, des citations. Les films, les chansons, les romans nous fournissent des attirails de personnages auxquels nous nous identifions tour à tour. On croise, jour après jour, des êtres à l'identité fluctuante, à la trajectoire sociale hasardeuse. Les « positions assises » d'autrefois cèdent l'une après l'autre la place à des hordes de nomades du social qui ne savent plus d'où ils viennent ni où ils vont. Nos racines se perdent dans la multitude de nos origines possibles et notre avenir se brouille dans l'incertitude du lendemain.

À l'aube des années 70 on pouvait encore parler d'idéologie dominante et certains prônaient le retour au pays. Mais l'idéologie a complètement explosé et le « pays » est habité lui-même par des nomades qui travaillent ailleurs.

---

[1] Article « aliéner » dans *Le Robert*, Dictionnaire historique de la langue française, 1992.

La pensée, aujourd'hui, se constitue de bric et de broc avec des assemblages aléatoires sans cesse recomposés. L'espace, dans une certaine mesure, s'homogénéise : on retrouve d'un bout à l'autre de l'Europe les mêmes enseignes dans les centres commerciaux, la même tarte aux pommes standardisée. Mais en chaque lieu tout explose. Les possibles se multiplient jusqu'au vertige et nous errons de lieu en lieu dans le « grand nulle part ».

La religion elle-même a subi l'empreinte de cette évolution. Les grands systèmes de croyance se sont effondrés. Ils sont devenus une possibilité parmi d'autres. Il subsiste un fond commun de syncrétisme mou auquel nos contemporains croient sans trop y attacher d'importance.

Comment confesser Dieu en exil ? C'en est fini du christianisme dominant qui pensait pouvoir modeler les âmes et les corps, imposer sa culture, sa vision du monde, ses rites et ses bâtiments publics. Le temps et l'espace de l'Église sont devenus des objets de tourisme parmi d'autres.

Beaucoup verront une malédiction dans cette évolution, une perte irrémédiable. Les Israélites partis à Babylone raisonnaient de même. Ils avaient perdu leur terre, leur temple, leur autonomie culturelle, leur lieu de travail et une partie de leur famille. Perdus sur une terre étrangère ils se lamentaient :

> *Là-bas, au bord des fleuves de Babylone nous restions assis et nous pleurions en nous souvenant de Sion. Aux saules du voisinage nous avions pendu nos cithares. Nos conquérants nous demandaient des chansons, nos ravisseurs réclamaient des chants joyeux : Chantez-nous un chant de Sion. Comment chanter un chant du Seigneur en terre étrangère ? Si je t'oublie, Jérusalem, que ma droite m'oublie, que ma langue colle à mon*

palais si ne pense plus à toi, si je ne fais passer Jérusalem avant toute autre joie (Ps 137.1-6).

Les prophètes parleront de cet exil annoncé comme d'un châtiment envoyé par Dieu. Pourtant, à travers cet exil vont se mettre en place des éléments irremplaçables de la religion juive, qui ouvriront la voie au christianisme. Même quand il reviendra d'exil, Israël ne sera plus jamais pleinement chez lui. Il devra composer avec une domination étrangère : les Perses d'abord, puis les Grecs, puis les Romains. La religion juive traditionnelle, qui associait Dieu à la domination sur un territoire, va passer. Ensuite Jésus pourra parler du Royaume de Dieu comme en exil lui-même, greffé sur un monde qui ne le reconnaît pas pleinement. Le Royaume de Dieu ira jusqu'aux extrémités de la terre sans être nulle part dominant. Quand les chrétiens voudront dominer ils feront fausse route. L'Inquisition, les Croisades, le forçage des consciences ne sont pas à ranger parmi les heures de gloire du christianisme. Jésus, pour sa part, a revendiqué son exil :

Le Fils de l'Homme n'a pas de lieu où reposer sa tête (Lc 9.58).

Comment, alors, confesser Dieu en exil ? C'est à cette question que s'attaque Ézéchiel et par là il nous intéresse. Comment dire Dieu dans un langage religieux que nous n'avons pas forgé, dans une culture non chrétienne (ou non juive pour Ézéchiel) ? Comment confesser Dieu alors qu'on est minoritaire ? Comment proclamer la seigneurie de Dieu alors que l'on n'a ni le pouvoir politique, ni le pouvoir économique, ni le pouvoir culturel ? Comment parler de Dieu alors qu'on n'est même pas écouté par son propre camp ? Voilà l'enjeu du livre d'Ézéchiel, voilà sa brûlante actualité, sa force, le défi qu'il nous lance.

Dans la bouche d'Ézéchiel vont naître des images, des points de vue qui serviront de socle pour un nouveau départ, une vision renouvelée de Dieu. Nous pouvons, nous-mêmes, aujourd'hui encore, nous mettre au bénéfice de cette vision alors que nous sommes tous des exilés.

je les ai dispersés
parmi d'autres peuples
dans des pays étrangers,
Tel a été le châtiment
que je leur ai infligé
pour leur conduite
et leurs actions

Ez.i 36 . 19

1 Une ouverture alors qu'on pense que Dieu s'est retiré

Ézéchiel 1

Les juifs partis en exil peuvent se penser abandonnés de Dieu. Ils arrivent sur une terre étrangère où personne ne reconnaît leur foi. Quiconque a dû confesser sa foi en situation de minorité comprendra le malaise qu'ont pu éprouver les juifs. Ceux qui, en Europe de l'Ouest, ont connu l'époque du christianisme triomphant éprouvent, ainsi, bien souvent, devant la sécularisation grandissante de nos sociétés, un sentiment de perte, de déchéance et d'abandon. Ézéchiel, fils d'un certain Bouzi, doit ressentir un désarroi particulier du fait qu'il est prêtre (Éz 1.3). Sa place dans la société est directement remise en cause. Comment peut-il encore exercer sa profession ? Il n'a plus de temple à sa disposition. Il n'a plus de calendrier liturgique pour justifier les rites réguliers qu'il doit accomplir. Qu'en est-il de la présence de Dieu dans ce pays de Babylone ? On imagine sa tristesse et son trouble profonds. Mais c'est là, alors qu'il contemple le Kebar (sans doute un des grands canaux creusés par les Babyloniens[1]), alors qu'il désespère, que soudain les

[1] On a retrouvé la trace d'un canal Kebar dans des archives babyloniennes (Cf. Moshe Greenberg, *Ezechiel 1-20*, The Anchor Bible, Doubleday, 1983, p. 40), mais il est difficile de savoir de quel canal exactement il s'agissait.

cieux, qu'il croyait fermés, se dénouent d'un coup et qu'il est submergé par une vision grandiose.

Écoutons son récit[1] :

Ézéchiel 1 :

1-2 *C'était l'été. Le roi Jojakin était en exil depuis cinq ans. Et moi j'étais en exil aussi.*

3 *Je me tenais au bord du grand canal édifié grâce à la science et au pouvoir des Babyloniens et, là même, les cieux se dénouèrent, j'eus une vision divine et Dieu m'empoigna.*

4 *Je regardais vers l'horizon.*
Soudain, le vent d'orage, venant du nord, se leva. Il charriait un nuage énorme et une boule de feu.

5 *Puis je distinguai quatre créatures plus ou moins de forme humaine.*

6-7 *Mais chacune des créatures avait quatre visages et quatre ailes et des pattes de taureau avec un sabot au bout. Elles étincelaient comme un bouclier de bronze astiqué.*

8-9 *Une main humaine sortait de sous chaque aile.*
Elles se tenaient à angle droit l'une par rapport à l'autre, et se touchaient par le bout des ailes.

---

[1] Dans les passages qui font état de visions nous n'avons pas toujours donné une traduction littérale du texte. Il existe de nombreuses versions de la Bible de toute première qualité avec lesquelles nous n'avons pas la prétention de rivaliser. Nous avons plutôt essayé de restituer le paysage imaginaire tel que nous le comprenions. Ézéchiel lui-même hésite devant ce qu'il voit : c'était « comme », c'était « à la ressemblance de », c'était « comme la ressemblance de ». On est aux limites des possibilités du langage. De nombreux commentateurs ont critiqué la maladresse de la langue d'Ézéchiel. C'est, à notre avis, mal connaître la difficulté que chacun éprouve à rendre compte par des mots d'un univers d'images. C'est pour essayer de surmonter cette difficulté que nous avons pris quelques libertés avec la lettre. Nous encourageons, de toute manière, le lecteur à consulter au moins une traduction classique ne serait-ce que pour confronter ses impressions aux nôtres.

Chacune à son tour entraînait ses compagnes dans une direction donnée.

10 *Je vis mieux leur visage.*
Elles avaient, chacune des quatre, une face d'homme, une face de lion (à droite), une face de taureau (à gauche) et une face d'aigle.

11 *Elles regardaient au-dessus d'elles.*
Avec deux de leurs ailes elles formaient, ensemble, un carré, tandis qu'elles se couvraient le corps avec les deux autres.

12 *Elles allaient droit dans une direction, puis dans une autre, là où l'esprit les faisait aller, elles allaient sans détour.*

13 *Au milieu d'elles j'entr'aperçus comme des charbons qui brûlaient en crachant des flammes. L'ensemble tourbillonnait entre les créatures, en lâchant des lueurs et des éclairs.*

14 *Les créatures allaient de droite à gauche comme l'éclair.*

15-16 *Je regardais mieux et je vis, en dessous des créatures, des roues, de véritables disques d'or, avec un cercle incrusté dedans.*

17 *Elles pouvaient se mouvoir en tout sens.*

18 *Immenses, elles étaient bordées d'yeux sur leur pourtour.*

19 *Dès que les créatures avançaient, les roues les suivaient.*
Dès que les créatures montaient, les roues montaient aussi.

20 *Là où l'esprit les faisait aller, elles allaient, là où l'esprit les faisait aller.*

21 *Et les roues s'élevaient de concert car l'esprit des créatures habitait les roues. Quand les créatures avançaient, les roues avançaient. Quand elles s'arrêtaient, les roues s'arrêtaient. Quand elles s'élevaient de terre, les roues s'élevaient également, parce que l'esprit des créatures habitait les roues.*

22 *Puis je levai les yeux.*
Au-dessus des créatures, tendue au-dessus de leurs têtes, il y avait une voûte, claire comme le cristal.
23 *Les ailes qui se touchaient se portaient jusqu'à la voûte. Les deux autres ailes leur couvraient le corps. Oui, les deux autres ailes leur couvraient le corps.*
24 *Alors j'entendis le bruit majestueux de leurs ailes, semblable au vacarme des grandes eaux, à la voix du Tout-Puissant. Quand les créatures avançaient on croyait entendre le tintamarre d'un camp en armes. Mais quand elles s'arrêtaient elles reposaient leurs ailes.*
25-26 *Enfin j'entendis un bruit venant d'au-dessus de la voûte (car quand elles s'arrêtaient elles reposaient leurs ailes). Alors au-dessus, j'entrevis un trône en pierre bleue, et sur ce trône un homme, tout là-haut.*
27 *Tout autour de l'homme, vers le haut et vers le bas, des cercles éblouissants flamboyaient.*
28 *Puis apparut un arc-en-ciel, comme il en paraît dans les nuages un jour de pluie. C'était comme la gloire de Dieu. N'en pouvant plus je tombai sur ma face, et alors, j'entendis une voix qui me parlait…*

En reprenant pas à pas cette vision on découvre une multitude d'indications sur l'exil et sur le mode de présence de Dieu en exil. Prenons notre temps et cheminons avec Ézéchiel.

Au début de son récit Ézéchiel nous dit qu'il est en exil, ou plus précisément : « au milieu de l'exil ». L'exil est devenu pour lui un milieu. Son milieu n'est désormais plus son pays d'origine et il a changé de milieu, tout comme nous changeons de milieu au fil de nos journées, de nos semaines et de nos années. Le Nouveau Testament parle peu de l'exil mais il parle beaucoup de l'étranger. Pratiquement tout ce que nous dirons ici sur l'exil se retrouve dans le Nouveau Testament autour du thème de l'étranger et du voyageur. Le mot employé par Ézéchiel pour désigner l'exil, *gôla*, dérive d'une racine qui signifie : enlever, ôter, découvrir. L'exilé est quelqu'un à qui on a ôté quelque chose : sa culture, ses habitudes. Il est « aliéné » : hors de son cadre, hors de lui-même. L'étranger, de même, est toujours un pauvre. Il est celui qui n'a pas... ses repères habituels, pour commencer. Il a perdu le moyen de communiquer aisément dans sa langue maternelle et de partager simplement les rites sociaux qui tissent la vie quotidienne.

Que fait alors Ézéchiel ? Il regarde ce canal qui lui jette à la figure les merveilles de la technique babylonienne et la réalité de la puissance royale de centralisation qui a permis de tels travaux. Dans les inscriptions royales qu'on a retrouvées à Babylone, les travaux d'irrigation figurent toujours en bonne place. Le roi assure la prospérité du pays grâce à ces travaux d'irrigation qui lui sont un titre de gloire, d'autant plus qu'ils sont la preuve d'un savoir-faire éminent. Alors la nostalgie domine. Ézéchiel se souvient des jours passés, quand il vivait en Israël et il médite sur sa faiblesse et sa déchéance actuelles. Cette nostalgie explique probablement l'abondance des citations de textes de l'Ancien Testament antérieurs à Ézéchiel, dans ce chapitre. Ézéchiel est ancré dans une histoire, tourné vers son passé. Il rumine. Soudain l'orage éclate et il va retrouver au moins une manifestation de Dieu : celle du Dieu qui surgit dans les éléments déchaînés. Il comprend : Dieu ne les a pas abandonnés. Ils sont exilés mais pas abandonnés. Alors il se remémore ces textes où Dieu surgit dans l'orage. Citons le Psaume 18, à titre d'échantillon :

> *Dans mon angoisse j'invoquai Yahvé, vers mon Dieu je lançai mon cri ; il entendit de son temple ma voix et mon cri parvint à ses oreilles.*
> *Et la terre s'ébranla et chancela, les assises des montagnes frémirent, (sous sa colère elles furent ébranlées) ;*

Une fumée monta à ses narines et de sa bouche un feu dévorait (des braises s'y enflammèrent).
Il inclina les cieux et descendit, une sombre nuée sous ses pieds ;
Il chevaucha un chérubin et vola, il plana sur les ailes du vent.
Il fit des ténèbres son voile, sa tente, ténèbre d'eau, nuée sur nuée ;
Un éclat devant lui enflammait grêle et braises de feu.
Yahvé tonna des cieux, le Très-Haut donna de la voix ;
Il décocha ses flèches et les dispersa, il lança les éclairs et les chassa.
Et le lit de la mer apparut, les assises du monde se découvrirent, au grondement de ta menace, Yahvé, au vent du souffle de tes narines.
Il envoie d'en haut et me prend, il me retire des grandes eaux,
Il me délivre d'un puissant ennemi, d'adversaires plus forts que moi.

(Ps 18.7-18)[1]

Entre ce Psaume et la vision d'Ézéchiel on retrouve de nombreux thèmes en commun. Le contexte, en fait, est le même : angoisse, présence de l'ennemi et appel d'une délivrance. Ensuite, quand Dieu apparaît, les deux textes parlent de feu et de braises, de chérubins[2] entourant Dieu qui descend des cieux, du vent qui porte Dieu, des grandes eaux, de la foudre et des éclairs. Ézéchiel voit mais sa vision est ancrée dans une histoire. Il pro-

[1] Les citations hors du livre d'Ézéchiel, non traduites par nous-mêmes, sont empruntées, sauf exceptions, à la Bible de Jérusalem. Les passages d'Ézéchiel sont rendus dans notre version à l'exception de brefs passages ponctuels.

[2] Le texte d'Ézéchiel 1 ne parle pas de chérubins, mais dans les visions suivantes qui font écho à la première, aux chapitres 9 et 10, le texte en parle : Éz 9.3, 10.1-9, 10.14-20.

mène avec lui un stock d'images léguées par les témoins du passé. Quand il nous parle du vacarme des grandes eaux et de la figure humaine qui surplombe l'ensemble on pense aussi au Psaume 93 : *Plus que la voix des eaux innombrables, plus superbe que le ressac de la mer ; superbe est Yahvé dans les hauteurs* (Ps 93.4). L'Exode et la présence de Dieu au désert sont convoqués aussi :

> *Le surlendemain, dès le matin, il y eut des coups de tonnerre, des éclairs et une épaisse nuée sur la montagne, ainsi qu'un très puissant son de trompe et, dans le camp, tout le peuple trembla* (Ex 19.16).
> *Or la montagne du Sinaï était toute fumante, parce que Yahvé y était descendu dans le feu ; la fumée s'en élevait comme d'une fournaise et toute la montagne tremblait violemment* (Ex 19.18).

Alors que l'horizon est bouché, Ézéchiel s'envole dans l'imaginaire et renoue avec le passé de l'histoire d'Israël. Il n'y a pas lieu de s'étonner d'une telle démarche. Une myriade d'exemples dans l'histoire attestent que l'imaginaire est une ressource puissante pour les hommes lorsqu'ils se trouvent en situation de détresse. Ils se portent ainsi en avant, dans l'espérance d'une délivrance, dans l'assurance que tout ne se joue pas ici et maintenant, qu'il y a un ailleurs et un plus tard où ils seront consolés[1]. Dieu nous a rendus capables d'imaginer, pour que nous soyons en mesure de ne pas nous enfermer dans la réalité morne et bornée de notre quotidien. Ensuite, bien sûr, il faut transformer l'imagination en action. On verra dans l'ensemble

[1] Un corpus impressionnant sur la situation coloniale dans le Tiers-Monde et les productions imaginaires y afférentes a été rassemblé par Bryan R. Wilson, *Magic and the Millenium, A Sociological Study of Religious Movements of Protest among Tribal and Third-World Peoples*, London, Heinemann, 1973. Sur les productions imaginaires des ouvriers au XIXe siècle on se reportera à Jacques Rancière, *La Nuit des prolétaires*, Paris, Fayard, 1981.

du livre d'Ézéchiel que c'est le fruit d'un processus long et progressif.

Dans la mise en scène, dans les circonstances mêmes de cette vision inaugurale les symboles abondent. Le simple fait que l'orage soit poussé par le vent du nord n'est pas anodin. Certes, nous sommes en été et le vent du nord est fréquent, en cette saison, à Babylone[1]. Mais à Babylone le nord est censé être le lieu de résidence des divinités lointaines[2]. C'est bien ainsi qu'Ézéchiel imagine Dieu : il est loin, mais présent. Un commentaire juif du IVe-Ve siècle après J.-C.[3] a imaginé qu'Ézéchiel avait vu le début de la vision dans le reflet de l'eau. Ainsi il aurait vu son image, encadrée par la culture babylonienne matérialisée dans le canal, elle-même encadrée par la majesté des cieux. Cela fournirait un jeu de cadrages successifs tout à fait suggestif. On élargit le zoom et, par là même, la perspective. Les merveilles de la civilisation babylonienne environnent Ézéchiel, mais elles sont environnées elles-mêmes par la gloire de Dieu. C'est l'exil, mais Dieu est là. Il faut voguer de métaphore en métaphore pour suivre Ézéchiel dans sa vision. Les gros nuages lui barrent l'horizon et, de fait, l'horizon semble bouché. Il est loin de sa terre, tout va mal, tout semble perdu. Mais c'est alors que Dieu va ouvrir une nouvelle voie. En Europe, aujourd'hui, de même, les chrétiens semblent être une poignée, l'horizon est bouché, mais Dieu peut ouvrir des voies.

Ézéchiel est ancré dans une histoire et il pourrait s'abandonner totalement à cette nostalgie qui le submerge. Mais cette histoire est aussi l'histoire de souffrances passées et de délivrances successives. Elle n'est pas simplement l'histoire d'une

---

[1] Cf., Moshe Greenberg, *op. cit.*, p. 42.

[2] *Ibid.*

[3] Cité par Moshe Greenberg, *op. cit.*, p. 40.

gloire perdue. Face aux difficultés du présent Ézéchiel va chercher dans les ressources symboliques, dans les histoires typiques que lui ont léguées ses pères. Il se souvient des prédécesseurs qui ont parlé de cette impression d'être dans une impasse, comme de l'impression que le ciel est fermé, verrouillé.

Ici soudain le ciel s'ouvre. Il se dénoue, comme je l'ai traduit. Ézéchiel voit monter l'orage, il discerne une boule de feu et, soudain, c'est l'extase. Je l'ai dit, dans la souffrance, l'imaginaire, l'extase ou le rêve sont une ressource. Ils permettent de voir l'ouverture là où tout semble fermé. C'est un langage particulier où les images dominent. C'est un cri de souffrance habillé d'images. Ézéchiel est d'abord un visuel : il n'a pas vraiment de mots pour dire ce qu'il voit. Cela dit, les redondances et les répétitions finissent par provoquer une sorte de beauté musicale comme le *da capo* en musique. Il y a une litanie qui finit par emporter. Ézéchiel s'appuie, ainsi, sur les images léguées par ses pères et il sera lui-même l'inspirateur de nombreux textes apocalyptiques dans la Bible ou hors de la Bible. C'est ainsi que fonctionne l'imaginaire, par emprunts, par collages, par réinterprétations.

Que dit Dieu à Ézéchiel, finalement ? Quelque chose comme : Je suis avec vous partout et toujours. Ma présence n'est pas limitée à la terre d'Israël. Dieu se révèle comme le Dieu des exilés, des étrangers, des voyageurs. Dieu sillonne l'espace et vient retrouver Ézéchiel là où il est. L'omniprésence du chiffre 4 dans l'ensemble de la vision est une manière de signifier que Dieu remplit l'espace suivant les quatre points cardinaux. Dans l'Antiquité, déjà, on connaissait cette géométrie de l'espace. Il suffit de lire cette promesse d'Ésaïe pour s'en convaincre :

> *Il dressera un signal pour les nations et rassemblera les bannis d'Israël. Il regroupera les dispersés de Juda des quatre coins de la terre* (Es 11.12).

Ou encore l'énoncé de la promesse faite à Abraham :
Ta descendance deviendra nombreuse comme la poussière du sol, tu déborderas à l'occident et à l'orient, au septentrion et au midi, et tous les clans de la terre se béniront par toi et par ta descendance (Gn 28.14).

Ou cette malédiction de Jérémie :
J'amènerai sur Élam quatre vents, des quatre extrémités du ciel, et je disperserai les Élamites à tous ces vents ; il n'y aura pas de nation où n'arrivent des gens chassés d'Élam (Jr 49.36).

La manière dont nous écrivons, aujourd'hui encore, le chiffre 4, porte mémoire de cette image de la croix (+) dont deux sommets sont joints pour faciliter l'écriture sans lever de plume. Dans l'Apocalypse de Jean le chapitre 4 tournera lui aussi beaucoup autour du chiffre 4 pour parler du Dieu créateur. Dieu parcourt l'ensemble de l'espace puisqu'il habite la création tout entière. Les quatre êtres vivants, avec leurs quatre faces et leurs quatre ailes nous le donnent ici à entendre. Alors qu'Ézéchiel pouvait penser que sa religion n'avait de sens plein que dans la terre d'Israël, il apprend soudain que Dieu est plus large qu'un territoire donné. Dieu est voyageur et il accompagne les exilés, les étrangers et les voyageurs. Pour Ézéchiel c'est un élargissement de sa vision de Dieu.

La vision reprend, en fait, point par point les questions que peut se poser Ézéchiel.

Ézéchiel s'interroge, d'abord, sur la perte du Temple, et cette question le poursuivra jusqu'à la fin du livre, où il nous donnera une vision d'un Temple renouvelé et idéal. La vision inaugurale, pour le prophète Ésaïe, se déroulait dans le Temple de Jérusalem. Ici on observe une délocalisation, puisque Dieu surgit sans lieu propre sur la terre : c'est le ciel qui est le temple de Dieu. Cela donne une extension spatiale à la souveraineté de Dieu. Le Père qui est aux cieux se substitue au dieu du temple. Déjà dans le Psaume 18 que nous avons cité, le ciel était identifié au temple de Dieu, c'était *son temple* (Ps 18.7), par opposition aux temples des hommes. Dieu donne ainsi à Ézéchiel un substitut au Temple perdu. Un certain nombre d'éléments de la vision reprennent d'ailleurs des descriptions du Temple de Jérusalem telles qu'on les trouve dans le livre des Rois (1 R 7.27-37). Dans le Temple *sur les traverses du châssis, il y avait des lions, des taureaux et des chérubins* (1 R 7.29). Ici aussi il y a des lions et des taureaux et, si Ézéchiel ne nous parle pas, pour l'instant, de chérubins, il identifiera plus tard ces êtres vivants aux chérubins à l'occasion d'un rappel de sa première vision (Éz 10.20). L'image des quatre roues se retrouvait aussi dans le Temple : *Chaque base avait quatre roues de bronze et des axes de bronze* (1 R 7.30). Il s'agissait, d'ailleurs, de roues de char comme le précise 1 R 7.33. Le chiffre 4 était donc aussi présent dans le Temple qui était d'ailleurs construit sur cette géométrie de base : *Il y avait quatre épaulements, aux quatre angles de chaque base* (1 R 7.34). L'image même d'êtres qui se touchent par les ailes était déjà présente dans le livre des Rois : *Il plaça les chérubins au milieu de la chambre intérieure ; ils déployaient leurs ailes, en sorte que l'aile de l'un touchait au mur, que l'aile de l'autre touchait à l'autre mur et que leurs ailes se touchaient au milieu de la chambre, aile contre aile* (1 R 6.27). Ce rappel incessant d'images est une manière de signifier que Dieu n'a pas changé depuis l'époque de la construction du Temple et qu'il est même plus grand que le Temple de Jérusalem.

Mais il y a d'autres questions. Dieu est-il encore capable d'être le Dieu de l'Exode, le Dieu du désert avec sa présence brûlante ? L'allusion est indirecte sans doute, mais on notera qu'Ézéchiel voit quelque chose entre les créatures : *Au milieu d'elles j'entr'aperçus comme des charbons qui brûlaient en crachant des flammes. L'ensemble tourbillonnait entre les créatures, en lâchant des lueurs et des éclairs.* On pense alors à la parole de Dieu à Moïse à propos du sanctuaire qu'il lui demande de construire :

> *C'est là que je te rencontrerai. C'est de sur le propitiatoire, d'entre les deux chérubins qui sont sur l'arche du Témoignage, que je te donnerai mes ordres pour les Israélites* (Ex 25.22).

Ce sanctuaire est l'ancêtre du Temple. La vision évoque, donc, aussi cette image ancienne pour rejoindre l'ensemble du passé d'Ézéchiel. Mais alors Dieu est-il toujours le dieu créateur qui domine le monde ? A la fin de sa vision, Ézéchiel voit une « voûte ». Le mot employé est rare dans la Bible, en dehors du chapitre 1 du livre de la Genèse où il est employé pour signifier le « firmament », autour duquel un grand nombre d'actes créateurs s'organisent[1]. Dieu est donc toujours le dieu créateur, il est aussi le dieu qui est intervenu au moment du déluge comme l'évocation de l'arc-en-ciel le signale. Dieu maintient donc son alliance avec toute la terre, comme c'est dit à la fin du récit du déluge. Ézéchiel a besoin de réentendre cette dimension globale, cosmique, de la présence et de l'action de Dieu, dans la situation où il se trouve.

Pour autant la vision n'est pas une pure remémoration du passé, elle est aussi le début d'un dialogue critique avec la nouvelle culture dans laquelle Ézéchiel est plongé. La nature composite de l'ensemble des créatures de la vision semble bien être liée à l'expérience de la culture babylonienne. L'iconographie qu'on a pu rassembler sur la Babylone de ce temps montre de nombreuses images d'êtres composites. Les grandes statues

---

[1] Ce point est relevé par Brian Tidiman, *Le livre d'Ézéchiel*, t. 1, Édifac, 1986, p. 88.

assyriennes qu'on peut aujourd'hui admirer au Musée du Louvre sont formées d'un animal à tête d'homme, avec des ailes d'aigle, une queue de lion et des sabots de taureau. L'aigle, le taureau et le lion sont des symboles classiques de la puissance royale. Mais Dieu est plus grand que cette puissance. Il se place au sommet, au-dessus de ces symboles.

C'est vrai pour ce qui concerne le bestiaire composite dont nous venons de parler. C'est vrai aussi pour la thématique solaire qui est présente dans de nombreuses images de la vision. Le roi soleil est, en effet, un thème babylonien autant qu'égyptien. Le nom du dieu soleil *Shamash* a figuré, par exemple, dans le nom de plusieurs rois assyriens ou babyloniens[1]. Ici la boule de feu, l'œil de bronze poli et scintillant, le charbon en feu au milieu des quatre créatures, les immenses roues en pierre d'or (j'ai traduit : *de véritables disques d'or*), l'œil brillant comme un feu autour de la figure humaine, sont autant d'évocations du soleil. Dieu domine donc le soleil qui est censé protéger le souverain du lieu.

Ce balayage nous convainc de la puissance d'association de la pensée symbolique et imagée. Énormément de choses, de constats, de souvenirs et d'actes de foi sont mêlés dans cette vision. La condensation entre plusieurs images, que Freud avait observée dans le travail du rêve[2], se montre pleinement à l'œuvre ici. On peut à la fois lire le présent chapitre comme le récit d'un orage, comme un souvenir ancré dans la culture juive, comme un dialogue critique avec la culture assyrienne et babylonienne, ou comme une réflexion sur l'exil. Or il s'agit de tout cela à la fois, et Ézéchiel se situe précisément dans cette tension entre son his-

[1] On se reportera aux images avec leurs commentaires qui figurent dans J.B. Pritchard, *The Ancient Near East in Pictures*, 2e édition, 1969. Voir notamment les images n° 518, 519, 520 et 529.

[2] Sigmund Freud, *L'Interprétation des rêves*, trad. franç., Paris, PUF, 1967 (édition originale, 1900).

toire spécifique et la culture au milieu de laquelle il est désormais immergé.

Dieu a-t-il abandonné Israël ? Non, et on notera même que la vision se termine sur l'entrée en scène d'un personnage de forme humaine qui témoigne de la proximité de Dieu par rapport à l'humanité. On a ainsi une préfiguration de l'incarnation. Dieu n'a donc pas abandonné Israël, et il s'intéresse aux péripéties de son existence terrestre et humaine.

Pour nous, aujourd'hui, un tel message est riche d'encouragements. Il nous convainc, en effet, que toute la puissance du monde, qui parfois nous impressionne ou nous écrase, n'est pas plus forte que Dieu. Notre existence et notre fidélité au message de l'Évangile ont un sens, même si nous nous heurtons à de nombreuses difficultés. Dieu se tient toujours à nos côtés : c'est lui qui tient le monde, qui juge le monde. Nous sommes donc appelés à aller de l'avant envers et contre tout et, en tout lieu, notre culte peut monter vers Dieu. Quand le ciel est fermé, que l'horizon est bouché, Dieu peut nous porter loin, dans le rêve, la vision ou l'extase, au-delà des difficultés du présent, vers la délivrance à venir.

Nous ne serons pas les premiers à emprunter ce chemin, en réinterprétant dans notre contexte les images peintes par Ézéchiel. Cette vision a fait, en effet, l'objet de nombreuses relectures dans la Bible elle-même et dans le milieu juif en général. Chaque génération a repris et reprend aujourd'hui encore à son compte des images passées pour lire son présent, et cela explique une succession de relectures à travers l'histoire.

Le livre de Daniel décrit dans son chapitre 7 une vision qui doit quelque chose à celle d'Ézéchiel. Daniel n'est pas en extase mais il rêve (Dn 7.1). On voit bien la proximité de l'extase et du rêve qui, tous deux, nous plongent dans nos racines imaginaires. On retrouve les quatre créatures qui, cette fois-ci, sont directement associées à quatre rois (Dn 7.17). On est ainsi de plain-pied dans la géopolitique et la leçon est la même que celle d'Ézéchiel : tandis que défilent ces quatre rois qui tous impressionnent par leur pouvoir, Dieu continue à agir et n'abandonne pas son peuple. Ici aussi surgit une forme humaine qui, appelée « fils de l'homme » (Dn 7.17), donnera lieu à de multiples spéculations ensuite. Jésus lui-même revendiquera ce titre de « fils de l'homme » pour lui. Il incarnera cette figure libératrice qui surgit au sein de notre faiblesse.

Mais, avant que Jésus-Christ ne vienne sur terre, les groupes juifs contestataires avaient mobilisé ces images d'Ézéchiel pour soutenir leur projet. Le groupe qui a légué à la postérité la bibliothèque de Qumran avait ainsi construit toute une vision d'un ciel peuplé d'anges qui entouraient la gloire de Dieu, et qui promettait au groupe de Qumran une gloire qu'ils n'avaient pas, pour l'instant sur terre :

> *Les chérubins, au-dessus du firmament, bénissent l'image du Trône du Char, et ils acclament la majesté du firmament de lumière au-dessous du siège de Sa gloire. Et quand les roues se mettent en marche, des anges de sainteté reviennent, puis sortent d'entre Ses roues glorieuses, pareils à des visions de feu.*
>
> La *Liturgie angélique* de Qumran (4QS)[1]

Les roues qui, dans la vision d'Ézéchiel, symbolisaient la puissance de Dieu contestant la figure du roi-soleil devinrent, dans les textes juifs, une figure obligée qui fut même solidifiée sous forme d'une classe d'anges particulière : les *ophannim* (mot

---

[1] Cité d'après André Caquot et Marc Philonenko, *La Bible, Écrits Intertestamentaires*, Paris, Gallimard, 1987, Bibliothèque de La Pléiade, p. 439.

qui voulait simplement dire, au départ, « roues »)[1]. C'est ainsi que le livre d'Hénoch décrit l'armée des cieux :

> *L'armée du Seigneur, les Chérubins, les Séraphins, les Ophannim, tous les anges de puissance, tous les anges des dominations* (1 Hénoch 61.10)[2].

Ce passage d'une image à un stéréotype, puis du stéréotype à une classe d'ange est typique de la manière de penser à l'époque. Dans les derniers siècles avant Jésus-Christ les hommes ont commencé à généraliser ce qu'ils observaient de lieu en lieu et d'époque en époque. Pour ce faire, ils ont utilisé des images standard qu'ils ont réemployées dans toutes les circonstances, avant d'imaginer un ciel peuplé de ces images standard. Le ciel, notamment sous l'influence grecque, était perçu comme le lieu de la régularité, de la généralité. On construisit ainsi les *Ophannim* pour parler de la puissance de Dieu à l'œuvre au milieu de la puissance des souverains de l'époque. De même, les anges de puissance et les anges des dominations évoquent les puissants et les dominateurs du moment avec le message que Dieu leur adresse. Ce sont les précurseurs des « dominations » et des « autorités » dont parleront les épîtres aux Éphésiens et aux Colossiens[3].

Ces anges évoluent, en fait, entre ciel et terre. Ils jouent un rôle important, mais sont dominés par Dieu qui est, ainsi, le Seigneur des seigneurs. Dieu domine les dominants du moment. C'est le thème que reprendra l'épître aux Colossiens, en présentant Jésus comme maître des structures de pouvoir :

---

[1] Sur ce point comme sur le précédent nous sommes redevables des remarques de Moshe Greenberg, *op. cit.*, pp. 205-206.

[2] André Caquot et Marc Philonenko, *op. cit.*, p. 535.

[3] Ép 3.10 ; 6.12 ; Col 1.16 ; 2.15.

En lui (Jésus) *ont été créées toutes choses, dans les cieux et sur la terre, les visibles et les invisibles, trônes, dignités, dominations, autorités ; tout a été créé par lui et pour lui. Il est avant toutes choses et tout subsiste en lui* (Col 1.16-18).

L'épître affirme, ensuite, que l'Église est une voie d'ouverture au milieu des vicissitudes du monde et des luttes de pouvoir. L'Église se trouve sur terre comme la représentante de l'action céleste de Dieu.

Et il est (Jésus) *aussi la tête du corps, c'est-à-dire de l'Église : il est le Principe, Premier-né d'entre les morts. Il fallait qu'il obtînt en tout la primauté, car Dieu s'est plu à faire habiter en lui toute la plénitude et, par lui, à réconcilier tous les êtres pour lui, aussi bien sur la terre que dans les cieux, en faisant la paix par le sang de sa croix* (Col 1.19-20).

Enfin, évidemment, une des citations les plus explicites se trouve dans le livre de l'Apocalypse de Jean au chapitre 4.

On y retrouve l'arc-en-ciel autour du trône :
Celui qui siège est comme une vision de jaspe et de cornaline ; un arc-en-ciel autour du trône est comme une vision d'émeraude (Ap 4.3).

la foudre et le feu :
Du trône partent des éclairs, des voix et des tonnerres, et sept lampes de feu brûlent devant lui, les sept Esprits de Dieu (Ap 4.5).

les yeux et les quatre créatures, avec les mêmes catégories :
Au milieu du trône et autour de lui, se tiennent quatre vivants, constellés d'yeux par-devant et par-derrière. Le

premier vivant est comme un lion ; le deuxième vivant est comme un jeune taureau ; le troisième vivant a comme un visage d'homme ; le quatrième vivant est comme un aigle en plein vol (Ap 4.6-7)[1].

Tout comme dans l'épître aux Colossiens, le thème mis en avant par Jean dans le chapitre 4 de l'Apocalypse est celui de la création (cf. Ap 4.11). Jean, à l'exemple de Paul, réaffirme la force du Dieu créateur au moment où l'Église est persécutée. C'est une manière de dire que Dieu poursuit son projet. Malgré notre faiblesse, il continue à travailler. Il console, et il nous demande de porter le flambeau de sa présence. C'est nous qui, tout faibles que nous soyons, portons la trace de la puissance de Dieu face aux dominations et aux autorités, face aux puissances économiques, politiques, culturelles du monde qui nous entoure.

[1] Dans Éz 1 il y a quatre faces différentes pour quatre êtres identiques, mais lors de la reprise de la vision en Éz 10.14 le texte hésite entre quatre faces identiques pour quatre êtres différents et quatre faces différentes pour quatre êtres identiques. Pour le reste le terme de « vivant » est la pure transcription de la version grecque d'Ézéchiel *zôa*.

Toi
l'homme
mets-toi debout
j'ai à te parler
Ez. 2.1

2 De la vision à la parole, de la consolation à la prise de parole

Ézéchiel 1 à 11

Une lente évolution

Il y a plusieurs sections dans le livre d'Ézéchiel. Cela est en partie lié à l'histoire. Au début du livre on se situe entre les deux déportations, celle de 597 et celle de 587. Une partie de l'énergie d'Ézéchiel est alors employée à éviter la deuxième déportation. Ensuite, au chapitre 33, on apprend que Jérusalem et tombée et commencent alors des prophéties de reconstruction. Mais même dans cette première partie, jusqu'au chapitre 33, il y a plusieurs sections et c'est notamment lié au travail qui se passe dans Ézéchiel lui-même. Ézéchiel est comme étourdi et, au départ, il a besoin de l'appui de la gloire de Dieu pour tenir debout. La gloire de Dieu lui sert de bouclier face aux agressions du contexte où il évolue. Cela dure jusqu'au chapitre 11, et ensuite la gloire s'éloigne jusqu'à l'extrême fin du livre où elle revient dans la vision finale du temple. Ézéchiel, après le chapitre 11, a franchi un cap.

Dieu commence à exhorter Ézéchiel à parler, aux chapitres 2 et 3, et soudain, comme le raconte Ézéchiel :

Nous sommes tous des exilés !
avec Ezéchiel

L'Esprit m'enleva et j'entendis derrière moi le bruit d'un grand tremblement : Bénie soit la gloire de Yahvé au lieu de son séjour ! C'était le bruit que faisaient les ailes des animaux, battant l'une contre l'autre, et le bruit des roues à côté d'eux, et le bruit d'un grand tremblement. Et l'Esprit m'enleva et me prit ; j'allai amer, l'esprit enfiévré, et la main de Yahvé pesait fortement sur moi. J'arrivai à Tell Abib, chez les exilés installés près du fleuve Kebar ; c'est là qu'ils habitaient, et j'y restai sept jours, frappé de stupeur, au milieu d'eux (Éz 3.12-15).

L'Esprit de Dieu soutient très directement Ézéchiel dans ce premier moment, en le portant littéralement en avant, en le mettant hors de lui, en l'emportant. Le premier geste de Dieu, à la fin de la vision inaugurale a été de faire mettre Ézéchiel debout (2.1-2). C'était déjà une première démarche d'affermissement pour un homme manifestement écrasé par l'exil et par sa propre différence au sein de ses concitoyens mêmes. Dieu respecte des temps dans sa route avec ce prophète. Il le fait lever, puis il le pousse. Il le met progressivement en mesure de remplir sa mission. Pour l'instant Ézéchiel est encore incapable de parler. D'ailleurs les premiers actes publics qu'il accomplira seront des mises en scène muettes (de 3.22 à la fin du chapitre 5). La parole mettra tout un temps pour se frayer la voie en Ézéchiel. Il porte, pour l'instant, trop de souffrance pour pouvoir parler. Dieu travaille, à coups de symboles, pour inscrire progressivement la parole en Ézéchiel. Il lui fait manger un livre (3.1-3) contenant une parole qui lui donne de la force. Il ancre ainsi la parole qu'Ézéchiel prononcera au cœur de ses émotions primitives, du manger et du boire, pour doter Ézéchiel d'une nouvelle assurance : cette parole devient proprement la chair de sa chair. Elle n'est plus une parole dont il se ferait simplement l'écho. Méditons sur la longueur du cheminement du prophète et interrogeons-nous sur notre propre impatience, sur notre difficulté à admettre qu'il nous faut du temps pour apprendre et être en mesure de remplir la vocation à laquelle Dieu nous appelle.

Pour l'instant Ézéchiel a encore besoin de la répétition de cette extase consolante et source de plénitude qu'il a connue au bord du Kebar :

La main de Yahvé fut sur moi ; il me dit : Lève-toi, sors dans la vallée, et là, je vais te parler. Je me levai et je sortis dans la vallée, et voilà que la gloire de Yahvé y était arrêtée, semblable à la gloire que j'avais vue au bord du fleuve Kebar, et je tombai la face contre terre (Éz 3.22-23).

C'est une réaction maintes fois observée à travers l'histoire et aujourd'hui encore, suite à une extase. Celui qui en a été bénéficiaire en perçoit encore des échos à plusieurs reprises comme s'il lui disait adieu progressivement.

Il y a sans doute une autre raison à la prise de parole lente d'Ézéchiel et à son recours fréquent au langage imagé, une raison qui, celle-là, ne tient pas à Ézéchiel lui-même mais au contexte dans lequel il se trouve. Dans une situation de minorité excessive où nous nous démarquons trop de la moyenne de la société, de la pensée dominante, des questions et des opinions à la mode, il nous est, en effet, difficile de trouver des mots pour parler. Avant de pouvoir protester il faut savoir que dire et les mots, bien souvent, nous manquent. Il faut démonter tant de choses en une seule fois, questionner tant de présupposés que nous restons ligotés et muets comme Ézéchiel (cf. Éz 3.24-26). Quand tout « va de soi », que peut-on dire encore ? C'est bien pourquoi, avant de parler, Dieu fait image et qu'avant de demander à Ézéchiel de parler, il lui demande de faire image lui-même.

Tu deviendras muet
incapable de réprimander
ce peuple récalcitrant.
Ez. 3.26

Ensuite Ézéchiel prend la parole (aux chapitres 6 et 7) et nous verrons bientôt ce qu'il dit. Mais poursuivons un instant notre parcours de ces onze premiers chapitres d'Ézéchiel, pour relever entre les chapitres 8 et 11 une sorte de vaste parcours en extase sur l'ensemble du territoire d'Israël.

> *L'Esprit m'enleva entre ciel et terre et m'emmena à Jérusalem, en des visions divines, à l'entrée du porche intérieur qui regarde le nord, là où se trouve le siège de l'idole de la jalousie, qui provoque la jalousie. Or voici que la gloire du Dieu d'Israël était là ; elle avait l'aspect de ce que j'avais vu dans la vallée* (Éz 8.3-4).

Ézéchiel voit ainsi toutes les abominations qui se pratiquent, encore et toujours, en Israël, parmi ceux qui n'ont pas été déportés.

Des anges exterminateurs s'avancent et, dans une sorte de réminiscence de l'Exode, on marque au front ceux qui sont restés purs et qui seront épargnés par les fléaux.

> *La gloire du Dieu d'Israël s'éleva de sur le chérubin sur lequel elle était, vers le seuil du Temple, et il appela l'homme vêtu de lin qui avait une écritoire de scribe à la ceinture ; et Yahvé lui dit : Parcours la ville, parcours Jérusalem et marque d'une croix au front les hommes qui gémissent et qui pleurent sur toutes les abominations qui se pratiquent au milieu d'elle* (Éz 9.3-4).

Ensuite Ézéchiel revoit sa vision initiale, mais cette fois-ci directement dans le cadre du Temple qu'il regrette tant :

> *Je regardai : voici que sur la voûte qui était sur la tête des chérubins, au-dessus d'eux, apparut comme une pierre de saphir dont l'aspect était semblable à un trône. Et il dit à l'homme vêtu de lin : Va au milieu du char, sous le chérubin, prends à pleines mains des charbons du milieu des chérubins et répands-les sur la ville.*

Et il y alla sous mes yeux. Les chérubins se tenaient à droite du Temple lorsque l'homme entra, et la nuée emplissait le parvis intérieur. La gloire de Yahvé s'éleva de dessus le chérubin vers le seuil du Temple, le Temple fut rempli de la nuée et le parvis fut rempli de la lueur de la gloire de Yahvé. Et le bruit des ailes des chérubins s'entendit jusqu'au parvis extérieur, comme la voix du Dieu tout-puissant lorsqu'il parle [...]. Alors apparut une forme de main humaine sous les ailes des chérubins. Je regardai : il y avait quatre roues à côté des chérubins, chaque roue à côté de chaque chérubin, et l'aspect des roues était comme l'éclat de la chrysolithe. Elles semblaient avoir le même aspect toutes les quatre, comme si une roue était au milieu de l'autre. Elles avançaient vers les quatre directions et ne se tournaient pas en marchant, car elles avançaient du côté où était dirigée la tête et ne se tournaient pas en marchant. Et tout leur corps, leur dos, leurs mains et leurs ailes, ainsi que les roues, étaient pleins de reflets tout autour leurs roues à tous les quatre. À ces roues on donna – je l'entendis – le nom de « galgal ». Chacune avait quatre faces : la première était la face du chérubin, la seconde une face humaine, la troisième une face de lion et la quatrième une face d'aigle. Les chérubins s'élevèrent : c'était l'animal que j'avais vu sur le fleuve Kebar. Lorsque les chérubins avançaient, les roues avançaient à côté d'eux ; lorsque les chérubins levaient les ailes pour s'élever de terre, les roues ne se tournaient pas non plus à côté d'eux. Lorsqu'ils s'arrêtaient, elles s'arrêtaient, et lorsqu'ils s'élevaient, elles s'élevaient avec eux, car l'esprit de l'animal était en elles. La gloire de Yahvé sortit de sur le seuil du Temple et s'arrêta sur les chérubins. Les chérubins levèrent leurs ailes et s'élevèrent de terre à mes yeux, en sortant, les

> *roues avec eux. Ils s'arrêtèrent à l'entrée du porche oriental du Temple de Yahvé, et la gloire du Dieu d'Israël était sur eux, au-dessus. C'était l'animal que j'avais vu sous le Dieu d'Israël au fleuve Kebar, et je sus que c'étaient des chérubins. Chacun avait quatre faces et chacun quatre ailes, avec des formes de mains humaines sous leurs ailes. Leurs faces étaient semblables aux faces que j'avais vues près du fleuve Kebar. Chacun allait droit devant soi* (Éz 10.1-5 et 8-22).

Comme on le voit, les réminiscences sont nombreuses et Ézéchiel lui-même le reconnaît. C'est une sorte de confirmation que la vision initiale lui proposait une sorte de temple de remplacement à travers cette présence intensive de Dieu.

Enfin, et finalement, cette même vision ramène Ézéchiel en exil, là où il réside :

> *Alors les chérubins levèrent leurs ailes, et les roues allaient avec eux, tandis que la gloire du Dieu d'Israël était sur eux, au-dessus. La gloire de Yahvé s'éleva du milieu de la ville et s'arrêta sur la montagne qui se trouve à l'orient de la ville. L'Esprit m'enleva et m'emmena chez les Chaldéens, vers les exilés, en vision, dans l'Esprit de Dieu, et la vision dont j'avais été le témoin s'éloigna de moi* (Éz 11.22-24).

Elle s'éloigne, cette fois-ci, définitivement, mais c'est après qu'Ézéchiel ait reconnu que, désormais, la foi doit se vivre dans l'intériorité et qu'elle n'a plus besoin de l'appui d'un temple pour exister. La foi portée dans le cœur remplace la foi encadrée par le Temple. L'éloignement définitif de la vision succède en effet à deux prophéties qui sont également des prises de conscience pour Ézéchiel. D'abord la vision, qui sera reprise dans le Nouveau Testament, d'une foi qui provient du cœur :

C'est vers ces gens à la tête dure
et au caractère obstiné
que je t'envoie
Ez. 2. 2.

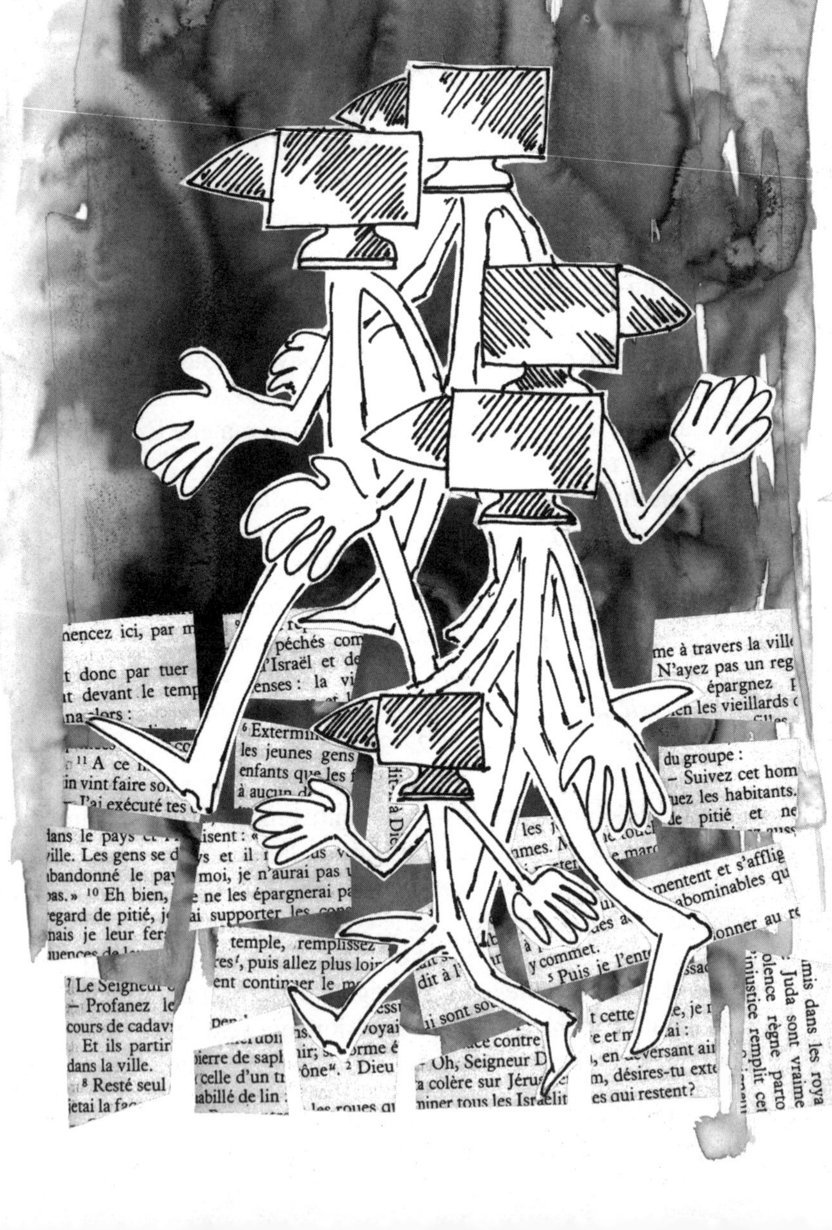

Je leur donnerai un seul cœur et je mettrai en eux un esprit nouveau : j'extirperai de leur chair le cœur de pierre et je leur donnerai un cœur de chair (Éz 11.19).

Mais aussi cette reconnaissance que la présence de Dieu en exil est comme un temple :

Ainsi parle le Seigneur Yahvé. Oui, je les ai éloignés parmi les nations, je les ai dispersés dans les pays étrangers et j'ai été pour eux un sanctuaire, quelque temps, dans le pays où ils sont venus (Éz 11.16).

Cette phrase est une interprétation fidèle de toutes les visions qu'Ézéchiel a eues depuis le début et, au moment où il verbalise cette interprétation, les visions calquées sur la première s'éloignent définitivement. Il a compris.

L'articulation d'une première critique

Dans ce cadre inaugural, la première prophétie d'Ézéchiel sera pour annoncer et anticiper la fin de l'injustice qui règne en Israël. C'est une annonce et c'est en même temps une terrible critique. Le ministère prophétique est lancé et, plutôt que de critiquer les Babyloniens, Ézéchiel balaye devant sa propre porte en attaquant ses coreligionnaires. Nous lisons la deuxième partie de cette prophétie dans le chapitre 7 (l'ensemble du chapitre) avec notre traduction :

Ézéchiel 7 :

1 *Écoutez ! Dieu m'a parlé !*

2 *Ézéchiel, homme parmi les hommes, va dire à la terre d'Israël :*
C'est la fin. La fin vient. Où que tu tournes les regards, elle vient.

3 *C'est la fin de tes magouilles et le commencement de ma colère.*
Je vais juger tes agissements, te rendre la monnaie de ta pièce.
4 *N'attends pas de compassion,*
N'espère pas que je t'épargne,
Je vais juger tes agissements, te rendre la monnaie de ta pièce.
Alors vous saurez que je suis le Seigneur.
5 *Malheur ! Malheur ! Le malheur vient.*
6 *La fin vient. Elle vient la fin. Elle se lève, elle vient jusqu'à toi.*
7 *Toi qui habites le pays, c'est le siège qui se prépare.*
Le temps marqué vient.
Le jour de la honte approche.
Les clameurs de joie ne résonnent plus dans les montagnes.
8 *Ma fureur va fondre sur toi.*
Ma colère s'enflera, ce sera :
Le jugement de tes agissements, la monnaie de ta pièce.
9 *N'attends pas de compassion,*
N'espère pas que je t'épargne,
Le jugement de tes agissements, la monnaie de ta pièce.
Alors vous saurez que je suis le Seigneur.
10 *Voici le jour ! Vois comme il vient !*
Vois donc le siège qui se prépare.
11 *La violence germe et l'insolence fleurit.*
La destruction surgit, chevauchant la méchanceté.
Il ne reste, rien d'eux,
rien de leur nombre,
rien de leur force,
rien de leur splendeur.
12 *Le temps marqué vient. Le grand jour approche.*
Tel achète à bon prix ; fait-il une bonne affaire ?

13 *Tel vend à perte ; doit-il pleurer ?*
Non. La colère s'abattra également sur tous.
Celui qui vend sa terre ne la verra jamais plus,
Vivant ou mort qu'importe !
Certaine, irrévocable, cette vision.
Tous persistent dans leurs péchés ; ils ne feront que s'enfoncer.
14 *La trompette a sonné,*
Tout est prêt, et qui pourra combattre ?
Ma colère s'abattra également sur tous.
15 *L'épée ravage dans la rue,*
La peste et la famine dans les maisons.
Tel est aux champs et l'épée le tue.
Tel autre réside en ville : la peste et la famine le dévorent.
16 *Les fuyards se dispersent comme une volée d'oiseaux,*
Ils jacassent autour du chant de leur péché.
17 *Les mains lâchent prise,*
Les genoux ploient.
18 *Ils s'habillent de sac et frissonnent de tout leur corps,*
La honte rougit les fronts, et l'on s'arrache les cheveux.
19 *On jette l'argent en pleine rue,*
On déclare l'or impur.
Ni l'argent ni l'or ne peuvent secourir, au jour de la colère de Dieu,
Or c'était là le cœur de leur péché.
Il ne reste que tête vide et estomac creux.
20 *Ils se pavanaient dans leurs bijoux majestueux,*
Fruits de leurs abominations et de leurs horreurs.
À leur souillure je répondrai par la souillure.
21 *Je les livre au pillage entre les mains d'étrangers,*
De bandits de grand chemin,
Qui feront d'eux un butin, profanant sans mesure.
22 *Je m'éloigne d'eux et les profanateurs approchent.*
Quelle proie facile que leur trésor !

23 *La terre n'est plus que jugements sommaires, emprisonnements arbitraires.*
La ville n'est plus que violence.
24 *J'ai envoyé les plus cruelles des nations et elles occupent leurs maisons.*
Les forts perdent leur superbe.
On profane les sanctuaires.
25 *L'horreur vient.*
On cherche la paix. Où est-elle partie ?
26 *Ruine sur ruine,*
Funeste nouvelle sur funeste nouvelle.
On va chez le prophète. A-t-il une vision ?
Le prêtre ne sait que dire,
27 *L'ancien que conseiller.*
Le roi sombre dans le deuil,
Le prince a revêtu la désolation,
Le peuple baisse les bras.
Le jugement de leurs agissements.
La monnaie de leur pièce.
Alors ils sauront que je suis le Seigneur.

Cette prophétie, marquée par la violence et par l'urgence, est à situer, nous l'avons dit, dans le bref laps de temps qui sépare les deux déportations des Juifs à Babylone. Ce laps de temps ne dure, en fait, même, que cinq ans, puisque les visions d'Ézéchiel ne commencent que la cinquième année après le premier exil. Ézéchiel essaye alors désespérément de sauver les meubles. Il espère qu'Israël va se ressaisir. Il annonce, ici, la fin au moyen d'une profusion d'images, mais lorsque la fin surviendra, il ne triomphera pas en disant : « Je l'avais dit ». Il aurait souhaité se tromper. Lorsque Jérusalem tombera, finalement, il sombrera lui-même dans la désolation.

La motivation d'Ézéchiel pour éviter le désastre et son engagement total expliquent la violence de ses propos. Il semblerait, à vrai dire, que malgré la première déportation, les Israélites n'ont toujours rien compris : ils foncent droit dans le mur, persistent et signent, tant qu'ils ne sont pas complètement réduits à néant. C'est à désespérer, et Ézéchiel désespère, ce qui produit une violence verbale qui, au reste, ne servira à rien puisque la deuxième déportation arrivera malgré tout.

Mais lisons en détail les propos de cette prophétie. Qu'est-ce qui va finir ? Pourquoi parler de la fin ? La racine verbale sur laquelle est construite le mot fin est celle du verbe « couper ». Nous pouvons comprendre ce qui se joue en nous imaginant sur un plateau de cinéma où le réalisateur dit : « Coupez ». Cela fait le même effet ici. Ézéchiel dit, en quelque sorte : « Fini de jouer ». Ceux qui vivaient dans l'ivresse de la puissance, de la magouille et de la spéculation vont redescendre sur terre brutalement. Ils ont pu faire illusion quelque temps, mais l'illusion va se dégonfler. Ce texte, très brutal, comme nous l'avons souligné, ne doit, d'ailleurs, pas être compris comme un texte pessimiste. Pour tous ceux qui ont eu à subir les vexations, les souffrances et l'oppression des puissants, cette prophétie est plutôt une bonne nouvelle. Quand, d'ailleurs, nous traduisons : *La fin vient. Elle vient la fin. Elle se lève*, une autre traduction possible serait : *La fin vient. Elle vient la fin, finalement.* Cela indique bien que le thème de la fin est inséparable du thème de l'attente. Certains redoutent la fin et d'autres l'espèrent. Ceux qui espèrent la fin comprennent l'annonce de cette fin comme nous comprenons le mot : enfin !

Quand l'injustice triomphe on se demande quand, enfin, la justice et le succès iront de pair. Il semble, en effet, parfois, que ceux qui magouillent gagnent toujours. Et même pendant les crises les affairistes continuent à essayer de tirer leur épingle du jeu. On voit ici, par exemple, que certains continuent à spéculer en achetant et en vendant des terrains, en tirant profit de la misère du temps qui pousse des hommes à lâcher leur terrain en désespoir de cause. Pourtant cela a une fin.

La logique du pouvoir, de l'enrichissement abusif et de l'oppression est toujours la même, de lieu en lieu, et de temps en temps : c'est la fuite en avant suivant le principe que « tant que ça marche on continue ». On navigue ici dans le monde de ceux qui, pour toute justice, s'appuient sur le rapport de force et la fausse évidence des faits. Aujourd'hui encore on voit comment les personnalités en vue réagissent quand elles se retrouvent devant les tribunaux : elles multiplient les procédures pour ralentir la marche de la justice. Ensuite, elles font appel, puis se pourvoient en cassation pour retarder le plus possible l'échéance. Les sportifs qui se dopent ne connaissent, eux aussi, qu'une seule logique : « Pas vu, pas pris ». C'est la tricherie élevée à la hauteur d'un mode de vie quand tout ce qui compte est de gagner. Nos sociétés dites démocratiques, elles-mêmes, sont toujours guettées par la tentation de la corruption et des passe-droits. Mais ce que répète Ézéchiel, en s'inscrivant ainsi dans la lignée des prophètes qui l'ont précédé, c'est que Dieu laisse du temps, puis qu'il provoque un retournement. Et alors c'est la fin pour toute une série de gens.

On s'aperçoit alors qu'Ézéchiel est, en quelque sorte, en exil au milieu de son propre peuple. Il ne partage pas les valeurs dominantes de son temps. Il est décalé, ailleurs. Il espère un bouleversement qui changera du tout au tout les conditions de la vie sociale, qui créera un nouveau milieu. Cela nous décrit, en fait, l'exil de Dieu au milieu d'un peuple où il devrait être chez lui. Alors, pour bien marquer son exil, sa différence, Ézéchiel, et Dieu à travers lui, s'emploie à décrire les conditions de la crise à venir.

Il y a, pour commencer, un retournement des images habituelles de floraison et de vie végétale qu'on employait, et qu'on emploie encore, pour se rassurer quant à l'avenir. On espère, en effet, toujours une renaissance. Nous n'avons pas trouvé d'autre image, aujourd'hui, pour nous rassurer sur le devenir de l'économie que celle de la croissance. Ces images nous servent à espérer que les choses iront mieux toutes seules sans que nous ayons besoin de nous remettre en question en profondeur. Or que lit-on ici ? *Voici le jour ! Vois comme il vient ! Vois donc le siège qui se prépare. La violence germe et l'insolence fleurit. La destruction surgit, chevauchant la méchanceté.* « Germer », « fleurir », « surgir »[1] renvoient bien à des images de vivacité végétale. Quant au *siège qui se prépare*, il faudrait traduire littéralement : *le siège est sorti.* Alors, donc, que tout le monde espère un nouveau surgissement, c'est la mort qui fleurit et non la vie qui renaît[2]. Ce retournement vient souligner à quel point les Israélites se bercent de faux espoirs. Cette rhétorique du retournement se retrouve à plusieurs endroits dans le texte. Au citadin qui ne pense qu'à manger goulûment, on annonce qu'à l'avenir *la peste et la famine le dévoreront.* À ceux qui se parent de beaux habits on promet que va venir un jour où *ils s'habilleront de sac et frissonneront de tout leur corps.* Il est dit exactement, et ironiquement, que le frisson les « couvrira ». Quant à ceux qui s'appuyaient sur leur or pour protester de leur pureté on leur adresse cette prophétie : *On déclare l'or impur.* Tous les symboles, toutes les images qui soutenaient les embrouilles et les combines des puissants du moment sont mis à nus, renversés, vidés de leur force d'illusion.

---

[1] La traduction littérale de l'hébreu est : « La violence s'est levée, en bâton de méchanceté ».

[2] Cette remarque pertinente figure dans Moshe Greenberg, *op. cit.*, p. 149.

La crise urbaine accompagne une crise rurale. La ville semble plus protégée que la campagne, militairement. *Tel est aux champs et l'épée le tue.* Mais l'habitant des villes aurait tort de se croire à l'abri des mauvaises surprises. L'Antiquité fourmille de récits de famines et d'épidémies concentrées en ville. La proximité des habitants dans les villes les rend sensibles aux épidémies. Quant à leur approvisionnement, il est toujours conditionné à la prospérité des campagnes. *Tel autre réside en ville : la peste et la famine le dévorent.*

Quand tout se délite, la richesse ne sert plus à rien. Les repères sociaux s'évanouissent : l'économie ne fonctionne plus, la justice disparaît et finalement les notables sont fauchés eux-mêmes. C'est ce que nous raconte cette prophétie. *Ni l'argent ni l'or ne peuvent secourir, au jour de la colère de Dieu.* [...] *La terre n'est plus que jugements sommaires, emprisonnements arbitraires.* [...] *Les forts perdent leur superbe.* Les multiples guerres civiles qui ont marqué la fin du XXe siècle ont ravivé, en nous, ces souvenirs.

Ce discours de la fin a eu une postérité florissante dans l'apocalyptique et l'eschatologie. On voit, à partir de ce point de départ[1], que l'eschatologie et l'apocalyptique sont d'abord des discours critiques. À l'aune de la fin tout est remis en perspective et les valeurs en vogue sont remises en question. On s'exile de son propre milieu pour le questionner en anticipant la fin de tout ce qui aujourd'hui semble évident. C'est le thème que reprendra l'apôtre Pierre bien plus tard :

[1] On pourrait citer un point de départ antérieur dans Sophonie 1.7-18. Le discours est très proche et Ézéchiel s'en est inspiré. En plus, Sophonie parle du jugement de la terre entière et pas seulement du peuple d'Israël. En revanche, Sophonie parle du « jour de l'Éternel » plus que du thème de la fin.

La fin de toutes choses est proche soyez donc sobres pour pouvoir prier ; ayez avant tout un amour constant les uns pour les autres ; […] pratiquez l'hospitalité les uns envers les autres […] ; mettez-vous chacun selon le don qu'il a reçu au service les uns des autres (1 Pi 4.7-11).

Voilà les nouvelles valeurs qui sont à vivre au sein d'un monde qui les ignore largement.

les prophètes trompent
mon peuple
en affirmant
que tout va bien
quand tout va mal
Ez. 13. 10.

3 Une foi plus individuelle

Ézéchiel 12 à 18

La situation d'exil produit des évolutions dans la formulation et dans l'ancrage de la foi. Des onze premiers chapitres du livre d'Ézéchiel, on peut retenir la leçon suivante : si nous ne sommes pas environnés par les murs d'un temple, par un cocon familial ou par des cercles sociaux, nous devons être environnés de la gloire de Dieu. Cette gloire peut s'éloigner lorsque nous avons pris de l'assurance, mais Dieu reste à nos côtés quoi qu'il arrive. C'est une autre manière de dire ce que Jésus promettra plus tard à ses disciples : *Je suis avec vous tous les jours jusqu'à la fin du monde* (Mt 28.20). Une fois que nous sommes affermis il nous faut, en effet, marcher avec peu d'appuis parmi nos contemporains.

Être en exil, c'est se trouver dans une situation de confrontation, de débat et de contestation. Dès les chapitres 12 et 13, Ézéchiel doit s'affronter à de faux prophètes qui annoncent le contraire de ce qu'il dit. Ceux-ci voient la paix à l'horizon alors que c'est l'écroulement qui se profile. En exil, il n'y a plus de vérité dominante, de vérité reçue : il n'y a plus que des débats, entre la justice et l'injustice, entre la vérité et le mensonge. Nous devons faire des choix au milieu de cette confusion, et si nous faisons les bons choix, il n'est pas dit que nous serons soutenus par nos pairs : la contestation et le débat continuent sans fin, sans jamais de conclusion.

Tout cela produit une individualisation de la foi. Cela pointe dès le chapitre 14 :

> *Fils d'homme, si un pays péchait contre moi en m'étant infidèle et que j'étende la main contre lui, détruisant sa réserve de pain et lui envoyant la famine pour en retrancher bêtes et gens, et qu'il y ait dans ce pays ces trois hommes, Noé, Daniel et Job, ces hommes sauveraient leur vie grâce à leur justice, oracle du Seigneur Yahvé.* (… Mais) *ils ne pourraient sauver ni fils ni filles, eux seuls seraient sauvés et le pays deviendrait une solitude.* […] *Si j'envoyais la peste dans ce pays et que je déverse dans le sang ma colère contre eux, en retranchant bêtes et gens, et que Noé, Daniel et Job soient dans ce pays : par ma vie, oracle du Seigneur Yahvé, ils ne sauveraient ni fils ni fille, mais ils sauveraient leur vie grâce à leur justice* (Éz 14.13, 14, 16, 19 et 20).

Chacun devient responsable de ses choix et en assume les conséquences. Nul ne peut plus se réclamer de grands ancêtres ou de héros de la foi qui vivraient, en quelque sorte, leur foi au nom des autres.

Sur ce chemin d'individualisation, Ézéchiel engage alors les Israélites à réfléchir à leurs racines, aux influences qu'ils ont subies, aux événements qui ont marqué leur histoire, bref à l'ensemble de leur passé, afin de scruter ce qui fait leur identité et les influences qu'ils doivent rejeter. Dans un premier temps, l'interrogation est collective et nous allons la lire ici à travers les chapitres 16 et 23 que nous avons rapprochés, vu la proximité de leurs thématiques. Ensuite on verra que l'interrogation se fera directement personnelle.

Ézéchiel 16 et 23 :

16 v. 1 *Écoutez ! Dieu m'a parlé !*
v. 2 *Homme parmi les hommes,*
Fais connaître à Jérusalem ses abominations.
v. 3 *Tu diras : ainsi parle le Seigneur Dieu à Jérusalem :*
Tes racines et ton ascendance sont au pays des Cananéens,
Ton père est Amorite, et ta mère Hittite.
v. 4 *À ta naissance, le jour où tu as été enfantée,*
on ne t'a pas coupé le cordon,
on ne t'a pas lavée à l'eau tiède,
on ne t'a pas purifiée avec du sel,
on ne t'a pas emmaillotée de langes.
v. 5 *personne n'a jeté sur toi un regard de pitié,*
nul n'a accompli les gestes traditionnels par simple compassion pour toi,
Tu as été exposée en plein champ,
abandonnée.
Tel fut le jour de ta naissance.
v. 6 *Alors je suis passé près de toi, et je t'ai vue, gigotant dans ton sang.*
Alors, je te dis, à toi, dans ton bain de sang : vis !
Je te dis, à toi, dans ton bain de sang : vis !
v. 7 *Je t'ai fait pousser comme l'herbe des champs,*
Et tu multiplias,
Et tu grandis,
Et tu parus, superbe entre les superbes,
seins fermes, chevelure au vent,
Mais tu étais dépouillée et nue.
v. 8 *Alors, à nouveau, je passai près de toi et je te vis.*
Voilà : c'était ton temps

le Seigneur vous le demande
changez d'attitude
abandonnez vos idoles. Renoncez à toutes vos pratiques abominables
Ez. 14.6.

le temps des amours,
Alors je te pris sous ma protection,
je couvris ta nudité,
je te fis des serments,
je fis alliance avec toi
[oracle du Seigneur]
et tu fus à moi.

16 v. 15 *Mais tu as préféré jouer de ta beauté,*
Tu t'es prostituée,
Tu as dévoyé ton nom,
Tu as déversé ta prostitution sur tous les passants,
Qu'elle soit à lui !

23 v. 12 *Tu t'es enflammée pour les fils d'Assur, tes voisins,*
les gouverneurs,
les préfets,
vêtus de perfection,
les cavaliers, monteurs de chevaux,
des beaux jeunes hommes séduisants.

23 v. 14 *Tu as ajouté encore à tes prostitutions,*
Tu as vu des hommes gravés sur un mur,
des images de Chaldéens,
peintes au vermillon,
v. 15 *avec des ceinturons à la taille,*
des turbans sur la tête,
allure de capitaines,
des fils de Babylone nés en Chaldée.
v. 16 *Tu t'es enflammée et enflammée encore, en voyant leurs yeux,*
Tu leur as envoyé des émissaires en Chaldée.
v. 17 *Alors ils sont venus, les fils de Babylone,*
Sur la couche des amours,

Et ils t'ont souillée.
Tu t'es prostituée avec eux, et puis tu les as quittés.

16 v. 22 *Tu t'es perdue dans tes abominations, dans tes prostitutions,*
Et tu as oublié les jours de ta jeunesse,
Quand tu étais dépouillée et nue,
Quand tu gigotais dans ton sang.

16 v. 44 *Voilà qu'arrivent ceux qui inventent les proverbes,*
Ils en ont trouvé un pour toi :
Telle mère, telle fille.
v. 45 *Tu es bien la fille de ta mère,*
celle qui détestait
son mari,
ses fils,
et tous ses enfants.
Tu es bien la sœur de tes sœurs,
celles qui détestent
leurs maris,
et leurs fils.
Ta mère était Hittite et ton père Amorite.
v. 46 *Ta sœur aînée c'est Samarie,*
celle qui est à ta gauche, avec ses filles,
ta sœur cadette c'est Sodome,
celle qui est à ta droite, avec ses filles.
16 v. 49 *Sodome ta sœur, suffoquant sous l'abondance du pain,*
Noyée dans la molle quiétude de l'insouciance avec ses filles,
a fauté :
Elle n'a pas soutenu le pauvre, ni le faible,

[Mais tu as fait pire qu'elle encore].

Voilà. Nous sommes de plain-pied dans la situation d'exil. Ce qu'on nous décrit ici est un fond culturel hétérogène et cela nous est familier. Notre culture n'est pas, elle non plus, homogène. Nous ne nous sommes pas construits sur un fond culturel homogène, nous ne sommes plus dans la situation où être croyant c'est simplement partager la culture dominante. Nous sommes, en fait, construits de bric et de broc. Ainsi nous nous retrouvons face à ces questions dont traite le présent texte : Quelles sont nos racines ? Quelle est notre identité ? Nous sommes soumis à une multitude d'influences et, dès lors, comment vivre sa foi dans un tel cadre ? Et puisque nous sommes soumis de fait à toutes ces influences, comment définir notre responsabilité ?

Ézéchiel nous invite alors à un exercice du souvenir. À un double exercice du souvenir, pourrait-on dire : le souvenir, d'une part, des abandons que nous avons subis et le souvenir, d'autre part, de ceux qui, *passant par là*, nous ont relevés. C'est une invitation à relire notre biographie. Nous pouvons, ainsi, nous souvenir de ceux en qui nous avons cru et qui nous berçaient de fausses promesses. Certains nous ont fait du mal alors qu'ils prétendaient nous faire du bien. Nos proches, nos parents mêmes ont pu nous décevoir. Nous retrouvons ici comme un écho du Psaume 27 : *Mon père et ma mère m'abandonnent, mais Dieu m'accueille* (Ps 27.10). Certaines personnes nous ont laissés tomber dans les difficultés, et même des chrétiens. Et puis, de l'autre côté, nous conservons le souvenir de ceux qui nous ont aidés à nous relever dans les moments difficiles. Ainsi nous retrouvons la trace de Dieu dans notre vie, à travers toutes les personnes, toutes les délivrances qui ont surgi quand nous désespérions. Posons-nous quelques questions : Si nous nous tenons debout aujourd'hui, à qui le devons-nous ? Qui serais-je si je ne croyais pas en Dieu ? Qui serais-je sans les cadeaux de Dieu dans ma vie, sans sa présence au long du chemin, et tout spécialement dans les moments difficiles ?

Nous sommes tous des exilés ! avec Ezéchiel

Réfléchir aux dettes que nous avons à l'égard de tous ceux qui nous ont aidés ne peut que nous rapprocher de Dieu, car nous découvrons ainsi la pertinence de ce simple commandement : *Tu aimeras ton prochain comme toi-même*. Oui, nous le reconnaissons, nous avons été au bénéfice d'un tel amour. Mais il existe une autre voie : rechercher le brillant, la frime, la belle apparence, le médiatique, séduire et être séduit, chercher à être en vue, à être reconnu, à faire la une, à concentrer les regards sur sa personne : bref, jouer à fond le jeu de notre société, sans recul ni scrupules.

Cette autre voie constitue, à vrai dire, une manière de sortir de l'exil. Nous pouvons nous fondre totalement dans notre époque et endosser les enjeux du moment. Il faudra alors dominer, admirer ou être admiré, se laisser fasciner, épouser les systèmes de valeur en vogue et surfer sur le présent. Il y a une ivresse dans le pouvoir exercé ou subi et notre texte s'en fait l'écho en parlant des Assyriens. Les images du pouvoir fascinent et décervellent, comme le dit Ézéchiel : *Tu t'es enflammée pour les fils d'Assur, tes voisins, les gouverneurs, les préfets, vêtus de perfection, les cavaliers, monteurs de chevaux, des beaux jeunes hommes séduisants*. Autour du pouvoir il y a toute une mise en scène qui vise à produire de l'illusion. On veut nous faire croire que le gouvernant est fort, beau, juste et parfait. Les insignes du pouvoir, ici les ceinturons et les turbans, contribuent à cette mise en scène, mais aussi l'allure, la manière de se tenir ou le vêtement qui fait croire à la perfection. Les Assyriens, ironise Ézéchiel, sont vêtus de perfection. Vêtus de perfection… mais pas parfaits.

Dieu nous encourage, à travers le thème de l'alliance et des épousailles qu'on retrouve ici, à « épouser » un système de valeur. Mais plutôt que de vivre l'exil et de s'en tenir fidèlement à ce système de valeur, avec les choix et la différence que cela implique, avec la marginalité que cela provoque, on peut s'enivrer de l'illusion dont le pouvoir nous abreuve. On peut s'imaginer que le pouvoir est tout-puissant, qu'il peut tout résoudre, qu'il nous aime. Et puis c'est la déception finalement. C'est ce qui arrive ici avec les Babyloniens : *Tu t'es prostituée avec eux, et puis tu les as quittés*.

Ce qui vaut pour le pouvoir vaut, d'ailleurs, pour la reconnaissance sociale en général. On peut s'épuiser dans le jeu des regards croisés comme le dit notre texte : *Tu t'es enflammée et enflammée encore, en voyant leurs yeux*. Cela implique de vivre seulement dans le regard de l'autre, pour le regard de l'autre. Ainsi on s'imagine qu'on est quelqu'un, qu'on est du bon côté du manche, qu'on est parvenu à quelque chose, qu'on a séduit. Jusqu'au jour où c'est la gueule de bois et où on redécouvre, alors, qu'on est *dépouillé et nu*. L'Apocalypse reprendra ce thème : *Tu ne le vois donc pas : c'est toi qui es malheureux, pitoyable, pauvre, aveugle et nu* (Ap 3.17).

Celui qui connaît ce genre de retour brutal sur terre s'interroge alors, à nouveau, sur ce qui fait le cœur de sa vie. Il repense au soutien de Dieu, à ceux qui l'ont aidé sans vouloir le séduire, sans vouloir le fasciner, à ceux qui lui ont dit, alors que tout le monde se détournait : *Vis !*

Alors finalement quelles sont nos racines ? Va-t-on nous dire, à nous aussi : *Telle mère, telle fille ?* Ne sommes-nous que le produit de tous ceux qui nous ont influencés ? Avons-nous couru après les quêtes sans fin de notre monde ? Cherchons-nous, comme Sodome, la tranquillité insouciante de l'abondance du pain ? Cherchons-nous à nous mettre à la remorque d'un démagogue habile qui nous fera croire qu'il nous aime ? Ou bien sommes-nous prêts, nous aussi, à passer près de ceux qui gigotent dans leur sang et à leur dire : *Vis !* Sommes-nous prêts à relever les exilés de notre monde ?

Sans cesse, en repassant sur mes souvenirs, je redécouvre la marque des bons Samaritains qui m'ont relevé alors que je souffrais d'exil, et qui m'ont dit : *Vis !* Et ces souvenirs se mêlent à la voix de Jésus pour conclure la parabole : *Va et toi fais de même* (Lc 10.37). C'est là qu'est la vie, et pas dans les cours dorées de ceux qui se tuent pour une parcelle dérisoire de pouvoir et d'admiration. Nous, nous confessons le dieu des exilés, des étrangers et des voyageurs.

Ézéchiel nous invite, ainsi, à n'être esclaves ni de nos racines, ni des influences multiples qui nous environnent. Au reste, ce qui affleure dans la vaste parabole du chapitre 16 est précisé, sans l'ombre d'une ambiguïté, dans le chapitre 18 : chacun est maître de ses choix ; il n'a pas à endosser la responsabilité des choix de ses parents et encore moins à suivre leur exemple sans réfléchir. Lisons ce chapitre :

Ézéchiel 18 :

v. 1 *Écoutez ! Dieu m'a parlé :*
v. 2 *Qu'avez-vous ?*
Vous ressassez ce proverbe, en terre d'Israël :
Les pères ont mangé des raisins acides
et les fils ont mal aux dents.
v. 3 *Aussi vrai que je suis vivant, oracle du Seigneur,*
vous allez cesser de ressasser ce proverbe, en Israël.
v. 4 *Écoutez : toutes les vies m'appartiennent,*
la vie du père comme celle du fils,
c'est celui qui pèche qui mourra.
v. 5 *Mais le juste,*
celui qui pratique le droit et la justice,

C'est la personne coupable
qui doit mourir.
Les enfants n'auront pas
à payer pour les fautes
de leurs parents.
EZ. 18.20.

v. 6 *Qui ne va pas aux bacchanales sacrées en haut des montagnes,*
Qui n'attend rien des idoles de la maison d'Israël,
Qui respecte la femme de son prochain,
Qui ne s'approche pas d'une femme en état d'impureté,
v. 7 *Qui ne maltraite personne,*
Qui restitue le gage d'une dette,
Qui ne vit pas de rapines et de vols,
Qui donne son pain à l'affamé,
Qui couvre d'un vêtement celui qui est nu,
v. 8 *Qui ne prête pas à des taux d'usure,*
Qui ne réclame pas d'intérêts,
Qui détourne sa main de l'injustice,
Qui tranche avec justice les différends,
v. 9 *Qui marche selon mes lois,*
Qui garde mes commandements pour pratiquer la vérité…
Un tel homme est juste, et il vivra, [oracle du Seigneur Dieu].
v. 10 *Mais imaginez qu'il engendre un fils violent,*
Qui commet une de ces fautes à l'égard de son frère
v. 11 *Alors même que son père n'en avait commis aucune.*
Voilà ce fils :
Il va aux bacchanales sacrées en haut des montagnes,
v. 12 *Il opprime le pauvre et le nécessiteux,*
Il vit de rapines et de vols,
Il ne restitue pas le gage d'une dette,
Il attend tout des idoles de la maison d'Israël,
Il commet des abominations,
v. 13 *Il prête à des taux d'usure,*
Il réclame des intérêts,
Et alors… il vivrait ?
Non il ne vivra pas.
Il a commis toutes ces abominations,
Tout ce sang retombera sur lui.

v. 14 *Mais voici !*
Il engendre à son tour un fils qui n'ignore rien des péchés de son père,
Il a tout vu mais il suit un chemin différent.
v. 15 *Il ne va pas aux bacchanales sacrées en haut des montagnes,*
Il n'attend rien des idoles de la maison d'Israël,
Il respecte la femme de son prochain,
v. 16 *Il n'opprime pas son prochain,*
Il restitue le gage d'une dette,
Il ne vit pas de rapines et de vols,
Il donne son pain à l'affamé,
Il couvre d'un vêtement celui qui est nu,
v. 17 *Il tend la main à l'humble,*
Il ne réclame ni usure, ni intérêt,
Il pratique mon droit, il marche selon mes prescriptions,
Lui ne mourra pas dans l'iniquité de son père.
Il vivra ! Oh oui, il vivra !
v. 18 *Pendant ce temps son père commet extorsion sur extorsion,*
Il ramasse butin sur butin,
Il fait ce qui n'est pas bon au milieu de son peuple.
Eh bien ! Il mourra dans sa propre iniquité.
v. 19 *Alors certains diront :*
Pour quelle raison le fils ne porte-t-il pas l'iniquité du père ?
Mais le fils a pratiqué le droit et la justice,
Il a gardé toutes mes prescriptions, il les a mises en pratique.
Il vivra ! Assurément, il vivra !

v. 20 *C'est celui qui a péché qui mourra.*
Le fils ne portera pas l'iniquité du père,
Le père ne portera pas l'iniquité du fils,

La justice du juste lui appartient,
Et la méchanceté du méchant lui appartient également.

v. 21 *Maintenant autre chose :*
Le méchant,
S'il fait marche arrière et renonce à tous les péchés qu'il a commis,
S'il garde toutes mes prescriptions et pratique le droit et la justice,
Il vivra ! Certainement, il vivra ! Il ne mourra pas.
v. 22 *On ne va pas se souvenir de toutes ses rébellions,*
Il vivra dans la justice qu'il a décidé de mettre en œuvre.
v. 23 *Vous croyez que je me réjouis, que je me réjouis vraiment de la mort du méchant ?*
[oracle du Seigneur Dieu]
Plutôt que de me réjouir de ce qu'il fasse demi-tour et vive ?
v. 24 *Pour le juste c'est pareil :*
S'il fait volte-face et renonce à la justice pour pratiquer l'injustice,
À l'égal des abominations du méchant,
Va-t-il vivre ?
On oubliera ses actes de justice passés
Il mourra dans ses tricheries incessantes et son péché récurrent.
v. 25 *Vous protestez :*
Le chemin du Seigneur est hors de sens.
Eh ! Oh ! Écoutez maison d'Israël,
Qui est hors de sens ?
Vous ou moi ?
v. 26 *Si le juste se détourne de sa justice et commet l'injustice,*
C'est dans l'injustice qu'il a commise qu'il meurt,
v. 27 *Si le méchant se détourne de sa méchanceté et pratique le droit et la justice,*

Il trouve ainsi la vie,
v. 28 *Il a pris conscience de son erreur,*
Il s'écarte de ses rébellions passées,
Il vivra ! Oh oui, il vivra ! Il ne mourra pas.
v. 29 *Et la maison d'Israël proteste :*
Le chemin du Seigneur est hors de sens,
Vous le trouvez insensé mon chemin ? Maison d'Israël,
Ne serait-ce pas vous les insensés ?
v. 30 *Moi je juge chaque homme suivant ses choix, Maison d'Israël, [oracle du Seigneur Dieu],*
Revenez, faites le nécessaire pour revenir de toutes vos rébellions,
Éloignez les fautes sur lesquelles vous trébuchez,
v. 31 *Laissez tomber toutes vos rébellions et vos révoltes,*
Construisez-vous un cœur nouveau, une inspiration neuve,
Pourquoi mourir ? Maison d'Israël.
v. 32 *Moi je ne désire pas la mort de celui qui meurt, [oracle du Seigneur Dieu],*
Revenez, faites ce qu'il faut pour vivre.

La situation est claire. En exil la religion, la croyance, ne peut plus s'appuyer sur des cadres sociaux tout prêts pour subsister. Croire cela devient autre chose que suivre l'opinion commune et moyenne. Celui qui a dû passer d'une situation où il suit la majorité à une situation de minorité connaît la différence. Les Africains chrétiens arrivant en France doivent ainsi, souvent, surmonter un choc culturel initial. Croire, c'est parfois l'évidence en Afrique, c'est juste suivre sa famille, ne pas se démarquer d'un milieu. En France c'est un choix. Sur le mode mineur, tous les adolescents qui sortent de leur famille doivent faire une démarche analogue et apprendre à affronter un monde où rien ne soutient la croyance.

Cela dit, les problèmes dont parle Ézéchiel pointaient déjà avant l'exil. Il est presque évident qu'à l'occasion de cette prophétie il repense aux derniers rois de Juda. Josias, ce roi enfant qui accéda au trône de Juda à l'âge de 8 ans, semblait être une proie toute désignée pour les courtisans. On pouvait parier qu'il allait suivre la voie tortueuse de ses pères. Mais voilà qu'à 26 ans, on lui amène le livre de la loi ressorti d'un placard plus ou moins par hasard et qu'il le prend au sérieux. S'ensuit une réforme religieuse qui dure 13 ans. Dieu lui dit, alors, qu'il échappera au malheur (2 R 22) pour sa part, mais qu'il ne sauvera pas son peuple. De fait, Josias est tué dans une expédition contre l'Égypte et il ne connaîtra pas l'exil. Mais ensuite deux de ses fils règnent, successivement, sur le pays, abandonnent sa réforme, et là c'est le commencement de la fin. Le premier exil survient onze ans après la mort de Josias, et le deuxième onze ans plus tard. Les fils n'ont pas bénéficié des choix de leur père, ils ont porté leur propre fardeau.

Et puis Ézéchiel reprend une ligne de réflexion entamée par Jérémie avant l'exil :

> *En ces jours-là on ne dira plus : Les pères ont mangé des raisins verts, et les dents des fils sont agacées. Mais chacun mourra pour sa propre faute. Tout homme qui aura mangé des raisins verts, ses propres dents seront agacées* (Jr 31.29-30).

Tout cela existait donc déjà et la religion juive a toujours incité à des choix bien plus individuels que les autres religions du Moyen-Orient ancien. Mais l'exil rend cette personnalisation des choix encore plus indispensable.

Il y a des ruptures générationnelles à consommer. Quand le texte loue celui *qui n'attend rien des idoles de la maison d'Israël*, il faut relever que, littéralement, l'hébreu parle de ne pas « lever les yeux » vers les idoles. Ce regard qui s'élève vers un recours qu'on pense tout-puissant fait penser au regard de l'enfant qui scrute les gestes de ses parents. Ézéchiel encourage les enfants à rompre avec la toute-puissance rêvée et crainte de leurs parents, en même temps qu'il les encourage à rompre avec la toute-puissance rêvée et crainte des idoles.

La prophétie indique un programme de vie nouvelle autour d'une liste de commandements : pratiquer le droit et la justice, arbitrer justement les différends, renoncer aux cultes idolâtres, respecter la femme de son prochain, respecter les règles rituelles de pureté dans les relations sexuelles, ne pas maltraiter les autres, ne pas vivre de rapines et de vols, donner à manger à l'affamé, habiller celui qui est nu, ne pas tirer trop d'argent d'un prêt et ne pas maintenir le faible en situation de dépendance suite à un prêt, pratiquer la vérité. On connaît des listes semblables dans les Psaumes, et Jésus en donnera sa version dans le célèbre épisode de Matthieu 25 : *J'ai eu faim et vous m'avez donné à manger, j'ai eu soif et vous m'avez donné à boire, j'étais un étranger et vous m'avez accueilli, nu et vous m'avez vêtu, malade et vous m'avez visité, prisonnier et vous êtes venus me voir* (Mt 25.35-36). Cette dernière liste a plus d'un point commun avec celle d'Ézéchiel, même si, dans l'ensemble, et comme il le fait pratiquement toujours, Jésus accentue la dimension sociale des commandements et diminue les exigences rituelles.

Ces commandements sont à disposition. C'est un chemin de vie tracé devant nous. À nous d'y marcher. À chaque instant cette voie est ouverte. Ézéchiel imagine que, par une sorte de double esprit de contradiction, les petits-enfants peuvent suivre le chemin de leurs grands-parents, contre la génération de leurs parents. Ce n'est pas du tout une hypothèse irréaliste. On connaît de nombreux exemples historiques d'alliance entre la génération « déclinante » et la génération « montante » contre la génération au pouvoir. Aujourd'hui même, il n'est pas rare que les petits-enfants redécouvrent la foi par l'intermédiaire de leurs grands-parents. Notre passé est multiple et nous avons la disposition d'y piocher à notre guise. Même les choix que nous avons faits nous-mêmes dans le passé ne doivent pas nous contraindre. À partir du verset 21 Ézéchiel trace, en effet, une nouvelle voie d'émancipation par rapport à son passé : l'émancipation par rapport à soi-même. On n'est le fils de ses propres choix passés que si on le veut bien.

Le choix reste donc toujours ouvert : on n'est l'esclave ni de son ascendance, ni de son passé. L'exil c'est le lieu de l'ouverture des choix pour le meilleur et pour le pire. Est-ce si simple de dire que la liste de commandements que nous avons relevée ou la liste de Matthieu 25 représentent la vraie vie ? Non, bien sûr, c'est contesté. Nous sommes en exil, là où tout est contesté. Mais je continue à penser que c'est de là que proviennent les sources de la vie.

4 Les tentations de l'exil, à partir des oracles contre les nations

Ézéchiel 25 à 32

Après un certain nombre de prophéties directement dirigées vers le peuple d'Israël, le livre d'Ézéchiel rassemble, à partir du chapitre 25, une série de prophéties contre les nations. Au début le prophète stigmatise surtout l'attitude des peuples à l'égard d'Israël, mais rapidement on en vient à critiquer les peuples en eux-mêmes pour ce qu'ils font au sein de leurs frontières. Le genre n'est pas nouveau. On le trouve déjà, notamment, chez Jérémie et chez Ésaïe. Or ces prophéties concernent, malgré tout, indirectement, le peuple d'Israël. Dans la situation d'ouverture sur de nouveaux peuples que connaît le peuple d'Israël, la tentation du mimétisme est forte. Le peuple d'Israël qui, déjà lorsqu'il était dans ses murs, avait tendance à singer les croyances et les pratiques des peuples autour de lui, pourrait se précipiter dans un conformisme sans retenue. Alors ces prophéties qui critiquent tel ou tel aspect de la vie sociale des autres peuples, sont une invitation à bien examiner les choix de société du monde dans lequel les Israélites sont immergés et vont de plus en plus être immergés. Ce n'est pas l'emprunt culturel en tant que tel qui est critiqué, mais l'emprunt sans discernement qui produit de l'injustice et de l'idolâtrie. Ces prophéties visent à mettre le doigt sur ce qui est critiquable pour faciliter le tri.

Ces prophéties révèlent également un autre tournant de la révélation biblique, à l'occasion de l'exil, avec un intérêt pour la géopolitique en dehors du cadre étroit du peuple d'Israël. Cet intérêt ira croissant au fil de l'histoire et les textes apocalyptiques juifs en seront pleins, par la suite. Il n'est plus possible de raisonner uniquement dans le cadre d'un territoire donné et dans les limites d'un peuple donné quand votre destinée est entre les mains d'hommes qui ne sont pas de votre peuple et qui ne partagent pas vos croyances. Dès lors on perçoit d'autres choses et la réflexion s'élargit. On prend en compte des espaces plus vastes, des groupes plus lointains et donc plus abstraits. On trace des règles générales. Les prophètes jugent des peuples entiers mais aussi, à travers eux, des manières de faire dont ces peuples sont typiques. Ces manières de faire traversent, en fait, de nombreux territoires et de nombreux temps et on accède, ainsi, à des évaluations très globales sur la vie sociale en général. Cela produit ce qu'on appelle des allégories : des figures, certes imagées, mais abstraites qui généralisent des cas particuliers. Telle prophétie qui concerne tel peuple à un moment donné sera réutilisée pour juger un autre peuple qui se comporte de la même manière à un autre moment. On accède ainsi, peu à peu, à une vision plus structurelle des choses. Les auteurs saisissent des dérives récurrentes qu'on retrouve de lieu en lieu et d'époque en époque. Plutôt que d'accuser tel homme en particulier, on stigmatisera cet homme en tant qu'il suit telle ou telle logique, par ailleurs bien connue. La prophétie contre Tyr, qui occupe dans le livre d'Ézéchiel les chapitres 26 à 28, sera ainsi réutilisée dans l'Apocalypse de Jean (au chapitre 18) pour attaquer Rome. Mais dans les deux cas, ce sont les dérives provoquées par l'enrichissement de certains groupes de personnes qui sont critiquées.

Dans l'ensemble de ces prophéties contre les nations va s'élaborer, chez Ézéchiel, une réflexion sur le pouvoir. Une réflexion, répétons-le, sur le pouvoir en général, à travers des cas particuliers élevés au rang de types. Cette critique du pouvoir a plusieurs facettes. Il y a le pouvoir procuré par la richesse d'une part, par la puissance politique d'autre part et une troisième facette plus mystérieuse qui parle d'une capacité à subjuguer les foules. C'est pour mettre en garde les Israélites contre la fascination des différents pouvoirs qui les environnent, avec les exactions que cette fascination autorise et encourage, qu'Ézéchiel parle.

La fascination devant la grandeur

Commençons par l'examen du troisième type de tentation, le plus mystérieux, autour de cette capacité qu'a le souverain de subjuguer les foules. Suivons cette ligne à partir de la prophétie contre l'Égypte qu'on trouve au chapitre 31.

Ézéchiel 31 :

v. 1 *J'étais en exil depuis onze ans. C'était le premier jour du troisième mois.*
Ce jour-là, Dieu me parla :
v. 2 *Homme parmi les hommes, dis au roi d'Égypte, Pharaon, ainsi qu'à son peuple :*
À quoi ressembles-tu, drapé dans ta grandeur ?
v. 3 *À l'Assyrie, au cèdre du Liban ?*
Belles branches, forêt ombragée, haute taille...
À peine voit-on ton sommet perdu dans tes branches entremêlées.

v. 4 *Les Eaux primordiales l'ont fait pousser,*
Il s'enracine jusque dans le grand Abîme.
Les fleuves courent autour de ses racines.
De lui partent les canaux qui irriguent les arbres des champs.

v. 5 *Ta hauteur culminait bien au-dessus des arbres des champs,*
Tes branches se multipliaient sans cesse.
Elles s'allongeaient à l'infini.
Les Eaux primordiales te nourrissaient, en effet.
v. 6 *Dans tes branches nichaient tous les oiseaux du ciel,*
Et sous tes rameaux mettaient bas toutes les bêtes des champs,
À ton ombre s'abritait la multitude des nations.

v. 7 *Belle taille, longues branches,*
Ses racines puisaient jusque dans les grandes Eaux.
v. 8 *Dans le jardin de Dieu lui-même les cèdres palissaient devant lui.*
Les cyprès ne portaient pas d'aussi belles branches,
Les platanes n'arboraient pas des rameaux si majestueux.
Aucun arbre du jardin de Dieu n'avait une beauté comparable.
v. 9 *Je l'avais créé beau et abondant de feuillage.*
Tous les arbres d'Éden, les arbres du jardin de Dieu le jalousaient.

v. 10 *Alors ! Ainsi parle le Seigneur Dieu :*
Puisque tu vises toujours plus haut,
Que tu jettes ton sommet toujours plus haut parmi les branches entremêlées,
Et que ton cœur s'envole vers les nues,
v. 11 *Je vais te livrer aux mains du chef des nations,*
Il te rendra à la mesure de ta méchanceté,
Je te chasse.
v. 12 *Regardez : des étrangers, des nations terrifiantes l'abattent, puis l'abandonnent.*
Les branches tombent sur les montagnes et dans les vallées.

Les rameaux brisés voguent sur les rivières.
Les peuples de la Terre abandonnent son abri et quittent son ombrage.
v. 13 *Les oiseaux du ciel nichent dans les branches jetées à terre,*
Et là demeurent les bêtes des champs.
v. 14 *Cela arrivera pour que les arbres enracinés dans l'Eau cessent de viser toujours plus haut,*
Qu'ils renoncent à jeter leur sommet toujours plus haut parmi les branches entremêlées,
Que tous ceux qui sont proches de la source cessent de s'élever.

Oui, ils sont comme morts,
Enfoncés dans les régions inférieures, sous la terre,
Ramenés au niveau des fils de l'homme,
Chez ceux qui descendent dans la fosse.

v. 15 *Ainsi parle le Seigneur Dieu :*
Il est descendu au Shéol, et j'ai ordonné qu'on prenne le deuil,
J'ai refermé sur lui l'Abîme,
J'ai arrêté les fleuves et les grandes Eaux se sont taries.
J'ai assombri le visage du Liban,
Et tous les arbres des champs pour lui ont dépéri.
v. 16 *Le bruit de sa chute a fait trembler les nations,*
Il est descendu au Shéol avec ceux qui descendent dans la fosse.
Ah ! ce fut un réconfort, dans les profondeurs souterraines, pour les arbres d'Éden.
Mais le meilleur, la crème du Liban, tous ceux qui puisent dans les Eaux primordiales,
v. 17 *Descendent au Shéol avec lui,*
Avec ceux que l'épée a dévastés,

et sa force...
Voyez, ils s'abritaient sous son ombre au milieu des nations...

v. 18 *À qui ressembles-tu donc ?*
Où est ta gloire ? Où est ta grandeur ? Maintenant que tu es revenu chez les arbres d'Éden ?
Tu as chuté jusque chez les arbres d'Éden, dans les profondeurs souterraines.
Tu t'étends parmi la populace,
Parmi ceux que l'épée a dévastés.

C'était Pharaon, et tout son peuple. [oracle du Seigneur Dieu].

Le pouvoir nous en impose, et c'est peut-être là la tentation la plus subtile qu'il nous inflige. La fascination devant le puissant nous guette toujours. Nous lui attribuons volontiers les attributs du divin. Nous reportons sur le pouvoir toutes nos attentes, l'ensemble de nos rêves de toute-puissance. Le puissant en impose, et nous lui demandons de nous en imposer. Nous l'investissons de nos espérances les plus folles. Au fond, tout citoyen ne demande qu'à croire aux promesses électorales. Si seulement c'était vrai ! Cela s'appuie sur des ressorts très profonds, des attentes fortement ancrées en nous.

Comme toujours Ézéchiel parle par images, répondant ainsi aux prétentions imaginaires du pouvoir. Pour évoquer ce pouvoir qui nous en impose par sa grandeur, qui nous impressionne, Ézéchiel emploie l'image de l'arbre. Il l'utilise d'ailleurs à deux reprises : ici et au chapitre 17. Il y a du ressassement dans l'imaginaire d'Ézéchiel et il en va ainsi pour nous tous. L'imaginaire se nourrit d'images qui repassent et qui s'amplifient à chaque passage. Au chapitre 17 Ézéchiel parlait des prétentions à la grandeur d'Israël, ici il élargit sa réflexion à la grandeur de l'Égypte et finalement à la grandeur en général. Dans ce ressassement il réemploie également, là aussi comme d'habitude, des images forgées par d'autres. Les rêves de grandeur étaient, en effet, déjà décrits par l'image de l'arbre dans le livre des juges (Jg 9 ; à propos de la tentative d'établissement de la royauté par Abimélec). On verra que cette image relayée par Ézéchiel a eu une postérité. Ainsi va l'imaginaire : il réutilise, il retravaille, il ressasse, il réinterprète.

Dans ce texte, on discernera plusieurs types d'images employées pour signifier la grandeur. Il y a d'abord cette évocation d'une montée sans fin : *À peine voit-on ton sommet perdu dans tes branches entremêlées.* C'est tout à fait l'image que les individus de base peuvent avoir du sommet de la hiérarchie. Ils perçoivent des empilements, des *branches entremêlées* sans fin. Le sommet lui-même échappe aux regards et se nimbe de mystère. Les évocations de la hauteur se retrouvent, par ailleurs, à de nombreuses reprises dans le texte. Le verset 7 où nous avons parlé de *belle taille* pourrait être rendu littéralement par *il était beau par sa grandeur.* Ainsi on passe de la grandeur à la beauté et, d'ailleurs, les multiples notations que le texte comporte sur la beauté sont à ranger, elles aussi, dans le registre de la grandeur et de la fascination. La beauté des cours royales rehaussait leur prestige et les sujets étaient censés s'extasier sur tant de faste déployé. Jusqu'à l'époque baroque, il n'y a pas plus de deux cents ans de cela, cette stratégie de la splendeur aura cours. Les ors du palais de l'Élysée et de l'hôtel Matignon sont de lointains vestiges de cette stratégie, aujourd'hui. Les rois marquaient leur distance d'avec leurs sujets à travers des mises en scène savamment orchestrées. La plupart des images du Moyen-Orient ancien aujourd'hui conservées sont, d'ailleurs, les vestiges de ces mises en scènes.

Le roi est grand et beau, il est aussi réputé indispensable à la bonne marche du pays. C'est d'abord un roi nourricier : *De lui partent les canaux qui irriguent les arbres des champs.* Le roi est le pourvoyeur de l'abondance dans l'ensemble du pays, soit à travers les travaux d'irrigation qu'il dirige et qui permettent d'étendre les surfaces cultivées, soit, en Égypte, plus mystérieusement à travers les crues du Nil qu'il est censé gouverner et maîtriser. Au-delà de l'aspect nourricier, le roi soutient l'ensemble de la société par son enracinement cosmique. Il est ancré sur l'axe du monde, depuis les profondeurs de l'abîme jusqu'aux nues. L'arbre est ici censé plonger ses racines directement dans les eaux primordiales. Le roi s'identifie ainsi à cet axe autour duquel tout tourne et sans lequel tout s'écroule. Des créatures mythiques soutiennent elles-mêmes ce pouvoir : les Grandes Eaux, l'Abîme et même l'Éden, qui est employé ici dans un sens ironique et quasi-mythique. Le pouvoir est, ainsi, divinisé et ancré dans les forces créatrices qui soutiennent et produisent le monde jour après jour. Le roi maintient donc le monde en vie et il se prétend le protecteur de tous : *À ton ombre s'abritait la multitude des nations.*

Voilà l'idéologie royale de l'époque qui continue d'ailleurs à nous poursuivre, aujourd'hui, même sur un mode mineur. Par rapport à cette idéologie de la splendeur, de la fascination et du caractère incontournable du souverain, la critique d'Ézéchiel reste mesurée. Ce n'est ni la beauté, ni la splendeur, ni la grandeur qui est critiquée en tant que telle, mais le fait que cette logique tourne en rond, s'enferme en elle-même, devient autosuffisante et un but en elle-même. Dieu attaque cet arbre en lui disant : *Tu vises toujours plus haut, tu jettes ton sommet toujours plus haut parmi les branches entremêlées, et ton cœur s'envole vers les nues.* L'arbre est grand, mais il veut toujours plus de grandeur. Alors, devant cet autisme du pouvoir qui ignore toute autre logique que celle d'une grandeur sans cesse poursuivie, la prophétie mène une œuvre de défascination. Par un procédé commun dans l'Ancien Testament, et que nous avons déjà vu à l'œuvre en commentant le chapitre 7 ci-dessus, les images dont s'entoure le pouvoir sont inversées telles un reflet dans l'eau : le haut devient le bas, la montée devient la chute, la foule qui se pressait autour du souverain s'écarte, les belles branches sont brisées, au lieu de s'abriter dans les branches on joue avec, les nues deviennent les profondeurs souterraines, la vie en abondance se transforme en Shéol.

Au total, l'ensemble du discours tenu ici est plus un discours négatif et critique qu'une claire vision de ce que devrait être le pouvoir. Dans la postérité de l'image de l'arbre il y aura des analyses qui iront plus loin. Pour l'instant la prophétie essaye de comprendre et d'analyser la complexité des enjeux de son temps. Le premier réemploi de cette image se trouve dans le livre de Daniel (chapitre 4), à propos de Nabuchodonosor. La prophétie répète alors plus ou moins celle d'Ézéchiel sans aller vraiment plus loin. C'est dans l'Évangile, avec la parabole du grain de sénevé, qu'on va vraiment plus loin dans la définition positive du pouvoir :

> *Le Royaume des Cieux est semblable à un grain de sénevé qu'un homme a pris et semé dans son champ. C'est bien la plus petite de toutes les graines, mais, quand il a poussé, c'est la plus grande des plantes potagères, qui devient même un arbre, au point que les oiseaux du ciel viennent s'abriter dans ses branches* (Mt 13.31-32).

On retrouve, dans cette parabole, plusieurs citations de la prophétie d'Ézéchiel, notamment cette image des oiseaux qui viennent nicher dans les branches. Mais on remarque qu'au lieu d'aller du grand vers le petit, l'histoire va cette fois-ci du petit vers le grand. Cela est cohérent avec la forme alternative du pouvoir que le Nouveau Testament a voulu promouvoir, notamment dans l'Église : partir de l'attitude de service et de petitesse pour construire de grandes choses. La leçon de la parabole est qu'il y a une force dans ce choix, force symbolisée ici par la force germinative. Cela produit une autre beauté et une autre grandeur.

L'image de l'arbre se retrouve également dans l'Apocalypse de Jean où aboutit, on commence à le comprendre, pratiquement tout ce qui sort d'Ézéchiel. Dans l'image de la Jérusalem céleste on retrouve, en effet, cette évocation :

> *Puis il me montra un fleuve d'eau vive, brillant comme du cristal, qui jaillissait du trône de Dieu et de l'agneau. Au milieu de la place de la cité et des deux bras du fleuve, est un arbre de vie produisant douze récoltes. Chaque mois il donne son fruit, et son feuillage sert à la guérison des nations* (Ap 22.1-2).

On retrouve le fleuve, l'arbre et la mention des nations qui figurait aussi dans le texte d'Ézéchiel. On retrouve aussi des images d'abondance, à travers le fruit et le feuillage qui prolifèrent. Cette image d'un fruit qui sert à la guérison des nations est aussi en ligne avec ce renoncement à la toute-puissance : guérir plutôt que dominer, tel est le mot d'ordre du Nouveau Testament dans son ensemble.

L'image d'Apocalypse 22 est aussi une reprise et une inversion du récit de la chute. Dans la description du jardin d'Éden, en Genèse 2, il y avait en effet aussi un fleuve et des arbres. Il n'est pas exclu qu'Ézéchiel y ait fait allusion lui-même, notamment à propos de ses évocations de l'Éden. On peut alors s'interroger sur le fruit qui sert à la guérison des nations, et qui constitue comme un pendant au fruit de l'arbre de la connaissance du bien et du mal. Je suis tenté de rapprocher ce fruit de l'arbre symbolique que représente la croix du Christ. Rien dans le texte de l'Apocalypse ne l'indique, mais on pense aussi aux paroles de Jésus rapportées par l'évangile de Jean : *Je suis le pain vivant, descendu du ciel. Qui mangera ce pain vivra à jamais. Et le pain que je donnerai, c'est ma chair que je donnerai pour la vie du monde.* [...] *Ma chair est vraiment une nourriture et mon sang vraiment une boisson* (Jn 6.51 et 55). Dans cette image du fruit qui sert à la guérison des nations, on peut donc lire l'évocation du don du Christ qui apporte la guérison aux nations. Une tradition qui remonte aux premiers siècles de notre ère[1] avait, d'ailleurs, imaginé que la croix du Christ avait été taillée dans un rejeton de l'arbre de la connaissance du bien et du mal par lequel l'homme avait chuté. C'est une manière imagée de dire que la croix du Christ est l'antitype des rêves de puissance de l'homme.

Il ne s'agit plus, autour de la croix, de fasciner, mais d'appeler chacun à prendre ses responsabilités. Il ne s'agit plus de rêver à notre toute-puissance, il ne s'agit plus de déléguer nos problèmes aux autres, mais de nous regarder avec nos faiblesses et nos fautes, lucidement. En fait nous attendons trop du pouvoir, même dans l'Église, tandis que nous n'attendons pas assez de Dieu. Et la nourriture de Dieu se prend symboliquement, lors de la Cène, dans une communauté d'égaux, gérée par des commandements de réciprocité écrits avec le balancement « les uns... les autres ». Voilà le fruit qui servira à la guérison des nations : la modestie, la solidarité et la reconnaissance pour toute la beauté que Dieu nous a donnée en partage, pour que nous en jouissions.

---

[1] Les liens imaginés entre arbre et croix remontent au moins à un écrit apocryphe du IVe siècle : *L'Évangile de Nicodème*. Le dominicain Jacques de Voragine a donné, au XIIIe siècle, une large diffusion à une des variantes de ces récits dans *La Légende dorée*. Mais, déjà dans la tradition juive, on avait commencé à spéculer sur les restes des arbres d'Éden à propos de la mort d'Adam, notamment dans *L'Apocalypse de Moïse* et dans *La Vie d'Adam et Ève*.

Roi de Tyr
tu prétends être
l'égal d'un dieu
mais
tu n'es qu'un homme
Ez. 28, 2.

La tentation de la richesse : le cycle de Tyr (Ézéchiel 26 à 28)

Après cette réflexion sur la grandeur comme source de fascination, revenons à quelque chose de plus classique : la critique de la richesse. Les chapitres sur Tyr sont, en effet, l'ébauche d'une critique sur la richesse en général, indépendamment du cas particulier de Tyr. Comme nous l'avons dit, on a ici un discours allégorique qui, à partir d'un cas particulier, dresse des figures générales. Tyr, de ce point de vue, était typique. C'était une cité commerçante qui était d'abord un centre économique avant d'être un centre militaire. La cité était bien défendue du fait qu'elle était entourée par la mer, mais elle ne cherchait pas à étendre son pouvoir militaire. Elle vivait de commerce avec la Méditerranée entière, et l'essentiel de son prestige provenait de sa richesse. Ainsi, à partir de cette cité riche, Ézéchiel va rendre attentifs les Israélites à la tentation de la richesse en général.

Le credo de base du riche c'est que tout s'achète et on le retrouve, au passage, ici. On achète ceux qui ont un savoir-faire technique :

> *Tu avais pris à ton bord des sages, ô Tyr, ils étaient tes matelots. Les anciens de Guebal et ses ouvriers habiles étaient chez toi, pour réparer tes fissures. Tous les navires de la mer et leurs mariniers étaient chez toi, pour faire l'échange de tes marchandises* (27.8-9).

On voit que la fuite des cerveaux ne date pas d'aujourd'hui ! On achète aussi la force. Les armées de mercenaires étaient d'ailleurs fréquentes dans l'Antiquité :

> *Ceux de Perse, de Lud et de Puth, servaient dans ton armée. C'étaient des hommes de guerre. Ils suspendaient chez toi le bouclier et le casque. Ils te donnaient*

de la splendeur. Les enfants d'Arvad et tes guerriers garnissaient tes murs, et de vaillants hommes occupaient tes tours. Ils suspendaient leurs boucliers à tous tes murs. Ils rendaient ta beauté parfaite (27.10-11).

On achète tout, et même l'âme des hommes comme le dit Ézéchiel, évoquant d'une manière forte et juste le trafic d'esclaves dont Tyr était une des plaques tournantes :

Yavân, Tubal et Méshek faisaient du commerce avec toi. Contre des hommes (littéralement, *des âmes d'hommes*) *et des objets de bronze, ils échangeaient tes denrées* (27.13).

Et finalement, une fois qu'on a tout acheté, on se prend pour Dieu :

Ton cœur s'est enorgueilli, tu as dit : Je suis un dieu, j'habite une demeure divine, au cœur de la mer. Alors que tu es un homme et non un dieu. Oui, tu te fais un cœur semblable au cœur de Dieu (28.2).

Cette démesure appelle un retour sur terre brutal, et c'est ce retour sur terre qui nous est décrit dans le chapitre 28 dont nous lisons, à présent, un extrait :

Ézéchiel 28 :

11 *Dieu m'a parlé ; il m'a dit :*
12 *Homme parmi les hommes, entonne un chant funèbre sur le roi de Tyr et dis-lui :*
Ainsi parle Dieu, le Seigneur :
Toi, la mesure de toute chose, empli de sagesse, d'une beauté totale,
13 *Tu demeurais en Éden, dans le jardin de Dieu.*
Tu te parais de toutes les pierres précieuses.
Sardoine, Topaze et Jaspe,

Chrysolithe, Béryl et Onyx,
Lazulite, Escarboucle et Émeraude.
Dès le jour de ta création, on te destina l'or ouvragé des tambours et des flûtes.
14 *Tu étais comme un chérubin consacré aux ailes déployées,*
Je t'avais établi sur la montagne,
Tu étais le sanctuaire de Dieu,
Tu allais et venais au milieu des pierres étincelantes.
15 *Depuis le jour de ta création rien ne te manquait,*
Jusqu'à ce qu'on trouve en toi de l'injustice.
16 *À cause de l'ampleur de ton commerce, tu t'es rempli de violence et tu as fauté.*
Alors je t'ai chassé de la montagne de Dieu.
Je t'ai expulsé, toi le chérubin aux ailes déployées, du milieu des pierres étincelantes.
17 *Ta beauté t'est montée à la tête.*
Ton éclat a pourri ta sagesse.
Je te jette à terre, sous les yeux des rois, pour qu'ils profitent du spectacle.
18 *Dans ton commerce injuste, tes torts sont multiples.*
Tu as profané tes sanctuaires.
Aussi je fais sortir de toi un feu qui te dévore.
Je te réduis en cendres : un petit tas par terre que tout le monde peut voir.
19 *Tous ceux qui te connaissent, parmi les peuples, se désolent à ton propos.*
Tu étais un objet d'épouvante, mais tu as disparu pour toujours.

La force des images employées a parfois fait supposer que ce passage parlait, en fait, de la chute du diable, comme ange déchu. Mais l'évocation de l'expulsion d'Éden se trouve aussi dans les prophéties contre l'Égypte, on l'a vu. La comparaison avec un chérubin renvoie sans doute, par contraste, aux visions du début du texte. Il nous paraît plus vraisemblable de penser que la prophétie est toujours dirigée contre Tyr mais, qu'au passage, comme nous l'avons dit, elle concerne les déviations provoquées par la richesse en général. Cette figure de Tyr est à rapprocher de celle de Mammon dans le Nouveau Testament. À ce titre on peut la rapprocher de la Tentation et donc du Tentateur autour du thème de l'argent. Ce n'est pas la peine, par contre, d'imaginer relire ici quelque récit d'origine sur la source du mal, on y lit bien plutôt une logique générale, potentiellement à l'œuvre dans tout enrichissement.

La puissance financière vous fait donc désirer, et souvent obtenir, la puissance dans tous les domaines. On pense être *la mesure de toute chose* ou le *sceau de la proportion* comme on pourrait le traduire littéralement. À force de richesse on passe pour celui qui dit ce qui est vrai, qui mesure tout. Tout le monde doit en passer par lui. Le rêve de totalité se construit ainsi peu à peu. Il ne suffit plus, à celui qui a des moyens, de se parer de pierres précieuses mais il veut *toutes* les pierres précieuses. Il faut tout consommer, tout s'approprier, vivre comme un perpétuel caprice d'enfant gâté. Quand on a on veut avoir plus encore. Certains commentateurs ont même pensé que la liste des bijoux donnée renvoyait à ceux qui figuraient sur le pectoral du grand prêtre (Ex 28.15-20). Ce n'est pas tout à fait certain. La liste concorde dans la version grecque de La Septante qui a, manifestement, suivi cette ligne d'interprétation, mais elle ne concorde pas complètement dans le texte massorétique de la version hébraïque que nous possédons. S'il fallait suivre cette idée cela pointerait vers l'idée qu'on cherche à acheter même le sacré, à se parer de ses insignes et à capter ainsi la religion à son profit. Si les bijoux ne l'indiquent pas forcément, la suite qui fait référence au chérubin aux ailes déployées le laisse entendre bien plus clairement encore. L'ancrage en Éden renvoie au discours du riche qui pense que son excellence lui a été donnée dès la création du monde. Il est doué, et c'est pourquoi il est riche. Il n'y a plus, dans ce discours, ni hasards de la vie, ni hasards de l'histoire. On navigue dans le registre des avantages naturels qui sont, à terme, porteurs de racisme. On justifie sa supériorité par une différence naturelle.

Le tournant se trouve au verset 15 : *Depuis le jour de ta création rien ne te manquait, jusqu'à ce qu'on trouve en toi de l'injustice*. Ici il y a une rupture dans le discours. On passe d'une idée de totalité essentiellement quantitative, à une réflexion sur la justice qui était complètement absente jusque-là. Et là, on découvre que celui qui avait tout était plein de turpitudes tues et masquées. Plus encore, le texte dit qu'à cause de l'extrême de sa richesse même, Tyr a perdu le sens des proportions, le sens de la justice : *À cause de l'ampleur de ton commerce, tu t'es rempli de violence et tu as fauté*. Arrivé à un certain niveau, celui qui manipule de l'argent tous les jours s'habitue à la corruption et aux passe-droits. Il grandit, il s'enrichit et il oublie ce qu'il était auparavant. Il cède ensuite à la violence pour mieux continuer à s'enrichir. Mais ceci a une fin, et c'est l'atterrissage brutal qui remet les choses et les personnes à leur juste place.

Si nous lisons ces considérations avec le mode de lecture structurel que nous utilisons dans les sociétés modernes pour rendre compte des phénomènes généraux, nous dirons que la concentration économique produit la violence. C'est la leçon qui se dégage de ce texte. L'Apocalypse de Jean, une fois de plus, a su actualiser cette leçon générale au cas de l'Empire romain en s'inspirant très largement de longs extraits de ce cycle de Tyr. Les crimes dénoncés sont ressemblants et les châtiments promis sont semblables[1]. Donnons-en un exemple :

---

[1] Voici la liste des passages parallèles : Éz 26.16-18 – Ap 18.9-12 ; Éz 26.21 – Ap 18.21 ; Éz 27.13 – Ap 18.12-13 ; Éz 27.29-36 – Ap 18.11-19.

En Ézéchiel 26.21 on lit : *Je ferai de toi un objet d'effroi et tu ne seras plus. On te cherchera et on ne te trouvera plus jamais* ; en Apocalypse 18.21 on lit : *Ainsi, d'un coup, on jettera Babylone, la grande cité, on ne la verra jamais plus.*

En même temps, il y a chez Jean une actualisation. Il adapte son discours à la situation qu'il connaît. Il effectue à la fois un emprunt et une actualisation. C'est ainsi qu'on généralisait à l'époque. En reprenant une image, on signifiait que ce qui valait à l'époque d'Ézéchiel valait aussi à l'époque de Rome. Nous parlons de structure, de concentration financière, de violence et cela revient plus ou moins au même. Ézéchiel nous dit ici que Dieu lutte contre cette concentration financière et cette violence et que, par conséquent nous n'avons pas à nous laisser impressionner par tant de faste, de tape à l'œil et d'abondance.

La tentation de la violence

La dernière tentation dont parlent ces prophéties contre les nations est celle de céder à l'ivresse de la violence et de la destruction.

La première description de cette tentation se trouve, en fait, dans les prophéties destinées au peuple d'Israël au chapitre 19. C'est une parabole qui décrit les rois de Juda successifs comme de jeunes lions. Chaque lionceau grandit, *il devient un jeune lion, il apprend à déchirer sa proie, il dévore des hommes* (Éz 19.3 et 6). Le deuxième lion, dans sa folie meurtrière *démolit des palais, détruit des villes* de sorte que *le pays et ses habitants sont consternés au bruit de son rugissement* (Éz 19.7). Ensuite on retrouve une image analogue à propos de Pharaon : *Lionceau des nations, te voilà anéanti ! Tu étais comme un crocodile dans les mers, tu bondissais dans tes fleuves, tu troublais l'eau avec tes pattes, tu en agitais les flots* (Éz 32.2). Cette proximité dans l'évocation de la violence laisse entendre que cette volonté forcenée de détruire traverse sans problème tous les peuples. C'est aussi une manière de signifier que Dieu adresse la même critique à tous les peuples : que ce soit Israël ou d'autres peuples, l'exigence est la même.

Partout, donc, on retrouve cette volonté de déchirer, de dominer, d'imposer sa volonté, d'impressionner. Dans nos états de droit modernes cette volonté est contenue dans les limites fragiles du droit, mais les guerres qui ont ensanglanté le XXe siècle, la violence urbaine ou l'existence des fous du volant nous rappellent que cette pulsion de destruction gît, tapie dans un fourré, prête à bondir à la moindre occasion. Nous ne sommes pas quittes de la violence, elle peut nous submerger à tout instant, et elle peut nous emporter nous-mêmes dans un maelström dont nous ne voyons pas le fond.

Cette image d'une bête tapie dans des lieux obscurs est d'ailleurs exactement celle qu'emploie Ézéchiel à propos du roi d'Égypte : *Je me déclare contre toi, Pharaon, roi d'Égypte, grand crocodile étendu au milieu de ses Nil, qui as dit : « Mon Nil est à moi, c'est moi qui l'ai fait »* (Éz 29.3). Le mot de crocodile est d'ailleurs trop faible. Le mot hébreu *tanin* ici employé signifie en fait « dragon ». Il s'agit d'une créature monstrueuse, apparentée aux monstres marins, qui symbolisait, dans le Moyen-Orient ancien, des forces de destruction aveugles menaçant l'ordre et la quiétude du monde. C'est bien ainsi que nous voyons resurgir la violence, périodiquement, autour de nous. Même si les relations entre Hutus et Tutsis étaient tendues, au Rwanda, on ne s'explique pas vraiment le déchaînement inouï de violence qu'à connu ce pays, en 1994. C'est comme si, soudain, une spirale de violence s'enclenchait qui entraînait irrésistiblement dans son sillage tous ceux qui croisent sa route. De bons pères de familles se sont ainsi retrouvés dans la peau de bourreaux nazis. Les crimes staliniens, eux aussi, échappent à toute explication rationnelle, tant ils ont sombré dans la démesure et l'absurde. Il y a, tapies en nous, des forces de destruction qui peuvent renaître. Sur le mode mineur, nous avons tous vécu des situations critiques ou nous avons été surpris de voir à quelle vitesse la violence pouvait s'emparer d'un groupe. Des étudiants sont capables d'actes sadiques pendant des bizutages. J'ai vu de mes yeux une cour d'école entière se vider comme un évier perdant son eau et se concentrer en un point, parce qu'une masse d'élèves essayait de s'emparer d'un tas de billes un peu plus important que d'ordinaire. Une tôle froissée, en voiture, peut dégénérer en quelques secondes en conflit aigu. Ce dragon est enfoui en nous, porté par l'ivresse du pouvoir, la jouissance de détruire, de déchirer, de dominer. Tout cela fait penser à l'avertissement de Dieu à Caïn avant qu'il ne tue son frère : *Si tu n'es pas bien disposé, le péché est à ta porte, une bête tapie qui te convoite. Pourras-tu la dominer ?* (Gn 4.7).

Ce dragon est porteur d'un seul message, comme nous le rapporte Ézéchiel : *Mon Nil est à moi, c'est moi qui l'ai fait.* En d'autres termes : « Je me suis fait moi-même, je n'ai besoin de rien ni de personne ». Il n'y a là qu'ignorance de l'autre, réduction de l'autre à l'état d'objet, d'accessoire commode ou de gêneur à éliminer.

On retrouve cette figure à diverses reprises dans l'Ancien Testament. Au début de la confrontation entre Moïse et Pharaon, Aaron affronte les magiciens égyptiens : *Aaron jeta son bâton devant Pharaon et ses serviteurs, et il se changea en serpent* (le texte porte, littéralement : *en dragon*) [...] Les magiciens, de leur côté, *jetèrent chacun leur bâton qui se changea en serpent* (*en dragon*, une fois encore), *mais le bâton d'Aaron engloutit leurs bâtons* (Ex 7.10 et 12). On est, ici, dans le contexte d'une lutte à mort, d'une lutte sans merci. Le seul enjeu est de savoir qui va dévorer qui. L'ensemble de l'épisode des plaies d'Égypte baigne dans cette ambiance sombre et implacable.

Dans un moment difficile de l'histoire d'Israël, le psalmiste appelle Dieu au secours et, devant la force destructrice des ennemis, il rappelle les actes salvateurs passés de Dieu :

> *Ô Dieu, mon roi dès l'origine, l'auteur des délivrances au milieu du pays,*
> *toi qui fendis la mer par ta puissance, qui brisas les têtes des dragons sur les eaux* (Ps 74.12-13).

Dans le passé, Dieu a posé une limite à ces forces destructrices, mais jusqu'où, jusques à quand va-t-il les laisser aller aujourd'hui ? C'est la question du psalmiste. À cette question répond l'attente d'Ésaïe, qui rapproche ce dragon et son « cousin » le monstre marin Léviathan :

> *Ce jour-là, Yahvé châtiera avec son épée dure, grande et forte, Léviathan, le serpent fuyard, Léviathan, le serpent tortueux ; il tuera le dragon qui habite la mer* (És 27.1).

On peut citer encore un dernier passage dans la même veine que celui du Psaume 74, où cette fois-ci le dragon est associé à un autre monstre marin, *Rahab* :

> *Éveille-toi, éveille-toi ! revêts-toi de force, bras de Yahvé. Éveille-toi comme aux jours d'autrefois, des générations de jadis. N'est-ce pas toi qui as fendu Rahab, transpercé le Dragon ?* (És 51.9)

Tout cela dresse un tableau assez sanguinaire où l'on répond coup pour coup. Chez Ézéchiel aussi on en reste au coup pour coup. Il n'y a pas vraiment de dépassement de la violence. Dieu répond par le simple principe de justice en proportionnant la peine au délit.

Le pays d'Égypte deviendra désolation et ruine, et l'on saura que je suis Yahvé. Car il a dit : Le Nil est à moi, c'est moi qui l'ai fait (Éz 29.9).

Bien sûr la vengeance n'est pas directe, elle passe par un tiers. Mais il faudra attendre le Nouveau Testament et, une fois de plus, l'Apocalypse pour que cette image du dragon soit évoquée dans le cadre d'un déplacement, d'un dépassement de la violence :

On le jeta donc, l'énorme Dragon, l'antique Serpent, le Diable ou le Satan, comme on l'appelle, le séducteur du monde entier, on le jeta sur la terre et ses Anges furent jetés avec lui. Et j'entendis une voix clamer dans le ciel : Désormais, la victoire, la puissance et la royauté sont acquises à notre Dieu, et la domination à son Christ, puisqu'on a jeté bas l'accusateur de nos frères, celui qui les accusait jour et nuit devant notre Dieu. Mais eux l'ont vaincu par le sang de l'Agneau et par la parole dont ils ont témoigné, car ils ont méprisé leur vie jusqu'à mourir (Ap 12.9-11).

La victoire est obtenue par le sang de l'Agneau, par un symbole de faiblesse. La victoire est obtenue par ceux qui ont accepté de mourir plutôt que de détruire. La victoire vient de ceux qui ont parlé pour témoigner, plutôt que de molester pour empêcher de parler. C'est cette victoire qui est un vrai dépassement de la violence, car elle ne suppose pas de rentrer soi-même dans la spirale de la violence en rendant coup pour coup.

Nous sommes ici dans la logique du don, qui est la vraie victoire sur les forces de destruction et de domination qui sont enfouies en nous. Oui, il y a plus de joie à donner qu'à déchirer, et c'est dans cette joie que Dieu veut que nous demeurions. Même si, au milieu de l'exil, nous sommes environnés de bêtes fauves.

Entre tes murs, Jérusalem,
chaque dirigeant d'Israël
abuse de son pouvoir
et commet des meurtres

Sur ton territoire
on méprise ...
on exploite ...
on opprime ....   Ez 22. 25,29

5 La reconstruction : un projet inachevé

Ézéchiel 33 à 48

Jusqu'au chapitre 32 du livre d'Ézéchiel, Jérusalem n'est pas encore tombée. Le chapitre 33 commence par une sorte de résumé de la mission d'Ézéchiel et de son message autour de la célèbre formule :

> *Par ma vie, oracle du Seigneur Dieu, je ne prends pas plaisir à la mort du méchant, mais à la conversion du méchant qui change de conduite pour avoir la vie. Convertissez-vous, revenez de votre voie mauvaise. Pourquoi mourir, maison d'Israël ?* (Éz 33.11).

C'est une sorte d'ultime avertissement, une ultime perche tendue aux Juifs pour qu'ils se ressaisissent, une manière de leur dire que tout n'est pas perdu, qu'ils peuvent encore faire demi-tour. Et puis :

> *La douzième année, le cinq du dixième mois de notre captivité, un rescapé arriva vers moi de Jérusalem et m'annonça : La ville est prise* (Éz 33.21).

La prophétie se développe alors dans deux directions : l'œuvre critique à l'égard du fonctionnement de la société israélite se poursuit, dans un premier temps ; ensuite, et dès le chapitre 36, on parle de restauration. Maintenant que le peuple a chuté, le prophète va s'employer à ouvrir des voies de reconstruction. C'est une manière de dire qu'il y a toujours quelque chose à faire et que rien n'est jamais irrémédiable. Surgit alors cette promesse, également célèbre :

> *Je vous donnerai un cœur nouveau, je mettrai en vous un esprit nouveau, j'ôterai de votre chair le cœur de pierre et je vous donnerai un cœur de chair* (Éz 36.26).

Puis c'est la grande vision des ossements où, symboliquement, le peuple d'Israël se relève comme se relèvent les ossements desséchés qui dormaient.

Repartir sur de nouvelles bases pour reconstruire des îlots de vie sociale juste et paisible

Les critiques rassemblées à la fin du chapitre 33 et dans le chapitre 34 font partie, en fait, elles aussi, du travail de reconstruction. Si on veut reconstruire le peuple, il faut qu'il reparte sur de nouvelles bases. Il n'est pas question qu'il répète les erreurs du passé. C'est ainsi que naît la réflexion sur les bergers d'Israël que nous allons suivre, désormais, en lisant le chapitre 34 :

Ézéchiel 34 :

1 *Écoutez ! Dieu m'a parlé :*
2 *Homme parmi les hommes, prophétise contre les bergers d'Israël.*
Prophétise et dis-leur :
Ainsi parle le Seigneur Dieu :
Malheur aux bergers d'Israël qui ne s'intéressent qu'à eux-mêmes.
Les bergers ne sont-ils pas là pour s'occuper du troupeau ?

J'irai chercher mes bêtes
partout
où elles ont été dispersées
un jour de grand orage
Ez. 34. 12

3 *Vous vous goinfrez de graisse,*
Vous vous parez de laine,
Vous vous régalez des bêtes grasses,
Mais vous ne vous occupez pas du troupeau.
4 *Vous n'avez pas fortifié les faibles,*
Vous n'avez pas soigné les malades,
Vous n'avez pas pansé les blessés,
Vous n'avez pas intégré les exclus,
Vous n'êtes pas allés au secours des déboussolés,
Au contraire, vous avez dominé avec force et cruauté.
5 *Les brebis se sont dispersées, sans berger,*
Elles sont devenues des proies faciles pour les fauves qui rôdaient,
Elles se sont dispersées.
6 *Mon troupeau erre de montagne en montagne,*
De colline en colline,
De pays en pays.
Mon troupeau est dispersé,
Et personne ne cherche à le rassembler.
7 *Alors, bergers ! Écoutez la parole du Seigneur :*
8 *Je suis vivant ! [oracle du Seigneur Dieu]*
Puisque mon troupeau est livré au pillage,
Puisqu'il n'est plus qu'une proie facile pour les fauves qui rôdent,
Puisqu'il n'a plus de berger pour le rassembler,
(Pendant que les bergers en titre ne s'intéressent qu'à eux-mêmes,
Au lieu de s'occuper du troupeau)

9 *Oui ! Vous les bergers ! Écoutez la parole du Seigneur :*
10 *Ainsi parle le Seigneur Dieu :*
Je me lève en personne pour m'opposer à ces bergers.
Moi je me mets à la recherche du troupeau pour le rassembler,

Pour l'arracher à leur emprise.
Ainsi les bergers devront arrêter de ne s'occuper que d'eux-mêmes.
Moi je vais délivrer le troupeau, l'arracher à leur gueule béante,
Qu'ils ne servent plus de pâtures à ces voraces.
11 *Oui ! Ainsi parle le Seigneur Dieu :*
J'arrive, en personne,
Je pars à la recherche du troupeau pour le rassembler.
12 *Comme le berger recherche ses brebis,*
Lorsqu'il voit le troupeau dispersé,
Ainsi je chercherai un à un mes moutons et les délivrerai,
Où qu'ils soient, où qu'ils errent,
Lorsque l'orage menace.
13 *Je les ferai sortir de leurs exils respectifs.*
Ils reviendront des contrées où ils séjournent.
Ils reviendront dans leur pays.
Je les ferai paître dans les montagnes d'Israël,
Au bord des ruisseaux,
Dans des contrées hospitalières.
14 *Je les ferai paître dans un bon pâturage,*
Dans les hautes montagnes d'Israël.
Ils se prélasseront dans l'herbe grasse,
Dans la bonne herbe des montagnes.
15 *C'est moi qui vais m'occuper de mon troupeau.*
C'est moi qui lui permettrai de se prélasser dans l'herbe.
[oracle du Seigneur Dieu]
16 *J'irai à la recherche de ceux qui sont désemparés,*
J'intégrerai les exclus,
Je panserai les blessés,
Je fortifierai les malades.
Mais j'exterminerai les forts et les gras.
J'agirai selon le droit.

17 *Quant à vous, mon troupeau,*
Ainsi parle le Seigneur Dieu :
Moi je vais juger entre brebis et brebis,
Entre les béliers, entre les boucs.
18 *Le bon pâturage qui vous est donné en pâture ne vous suffit pas ?*
Vous avez besoin de piétiner le reste de l'herbe ?
Et l'eau claire que vous buvez ne vous suffit pas non plus ?
Vous avez besoin de la troubler en l'agitant ?
19 *Mon troupeau doit brouter ce que vous avez piétiné,*
Et boire l'eau que vous avez troublée.
20 *C'est pourquoi, ainsi parle le Seigneur Dieu :*
Me voici. Moi. Je vais juger entre la brebis grasse et la brebis maigre.
21 *Puisque vous avez bousculé du flanc et de l'épaule,*
Poussé de la corne les malades,
Jusqu'à les avoir dispersées loin de vous,
22 *Moi je vais venir au secours de mon troupeau,*
Et ils ne seront plus livrés au pillage.
Je jugerai entre brebis et brebis.
23 *Je susciterai pour elles un berger unique,*
Et il s'occupera d'elles
(Ce sera mon serviteur David).
Lui s'occupera d'elles.
Lui sera pour elles un berger.
24 *Moi, le Seigneur, je serai leur Dieu,*
Et mon serviteur David sera leur prince.
[Moi le Seigneur, j'ai parlé].
25 *Je conclurai avec eux une alliance de paix.*
Je chasserai les fauves du pays.
Jusqu'au milieu du désert ils habiteront en sécurité.
Jusqu'au cœur des forêts ils dormiront tranquilles.
26 *J'enverrai ma bénédiction sur eux et sur ma colline.*
Je ferai venir la pluie en son temps :

Des pluies de bénédictions.
27 *L'arbre des champs donnera son fruit.*
La terre produira sa récolte.
Sur terre régnera la sécurité.
Et ils sauront que je suis le Seigneur,
Du fait que j'ai brisé le joug qui pesait sur eux,
Et que je les ai arrachés de la main de ceux qui les tenaient en esclavage.
28 *Les nations ne les pilleront plus.*
Les fauves ne les dévoreront plus.
Ils demeureront en sécurité.
Il n'y aura plus de peur.
29 *Je ferai lever pour eux une plante remarquable, pour qu'on les remarque.*
Plus personne ne mourra de famine.
Les nations ne les insulteront plus.
30 *Et ils sauront que moi le Seigneur Dieu je suis avec eux,*
Et qu'ils sont mon peuple : la maison d'Israël.
[oracle du Seigneur Dieu].
31 *Vous êtes mon troupeau.*
Le troupeau de mon pâturage.
Vous êtes des hommes,
Et moi je suis votre Dieu.
[oracle du Seigneur Dieu].

On le voit : ce n'est pas parce qu'Israël est en exil, et qu'il n'a plus en main les manettes de ses destinées politiques, que le sens critique du prophète s'émousse. Même quand on est en situation de minorité, on doit réfléchir à la manière dont on gère les relations sociales dont on est partie prenante. Chacun est responsable, là où il est, de sa manière d'exercer du pouvoir, d'utiliser ses richesses, même si ce pouvoir peut sembler dérisoire ou les richesses limitées. Les relations à l'intérieur du peuple d'Israël continuent à intéresser Ézéchiel, tout comme notre manière de vivre en Église fait partie intégrante du projet de Dieu. Nous ne pouvons pas prendre l'excuse de ce que le monde autour de nous nous impose, pour nous calquer purement et simplement sur son fonctionnement. Dieu nous appelle à vivre, en Église, comme un peuple où les bergers ne font pas violence et où les riches n'étouffent pas.

Dans une situation d'exil il y a donc, certes, une critique du monde qui nous entoure à mener, et Ézéchiel s'y est employé, nous l'avons vu. Mais il y a aussi, et en premier lieu, une critique interne à mener, sur nous-mêmes et sur notre manière de vivre en Église.

Ici la prophétie commence par une critique serrée du mode d'exercice du pouvoir. Les bergers, nous dit-on, *ne s'intéressent qu'à eux-mêmes* (littéralement ils *s'occupent à se paître eux-mêmes*). Cela sonne familièrement à nos oreilles. Nous avons, sous les yeux, maints exemples de potentats qui semblent préoccupés d'eux-mêmes plutôt que de ceux dont ils ont la charge. Pourtant il faut un certain altruisme pour bien gouverner. Il faut s'intéresser aux problèmes des autres et ne pas être complètement dévoré par ses propres problèmes. Si vous observez les personnes qui sont portées par leurs pairs à la tête de groupes vous verrez que, pratiquement toujours, ce sont des personnes qui ne se préoccupent pas d'elles-mêmes. En revanche d'autres, qui peuvent être assez brillantes mais qui n'arrivent pas à surmonter leurs conflits intérieurs, ne sont pas élues comme dirigeants.

Ces considérations n'empêchent pas que l'homme de pouvoir devienne souvent un parasite, comme on nous le décrit ici. De fait, il y a toujours une tension entre cette exigence d'altruisme et ce comportement de parasite. Un pouvoir aura du mal à se maintenir s'il est seulement un parasite. D'un autre côté, lorsque nous sommes du côté des gouvernés, nous avons toujours un comportement ambivalent : nous soupçonnons toujours le gouvernant d'abuser de nous, tout en appréciant ce qu'il fait pour nous.

Pour le reste, Ézéchiel trace un programme de base pour le gouvernant : fortifier les faibles, soigner les malades, panser les blessés, intégrer les exclus, secourir ceux qui sont désorientés. Cela fait penser au programme de Matthieu 25 que nous avons déjà cité : *J'ai eu faim et vous m'avez donné à manger, j'ai eu soif et vous m'avez donné à boire, j'étais un étranger et vous m'avez accueilli, nu et vous m'avez vêtu, malade et vous m'avez visité, prisonnier et vous êtes venus me voir* (Mt 25.35-36). On peut s'interroger sur la raison d'être d'un tel programme. Le texte d'Ézéchiel nous en donne une idée en employant pour parler de ces catégories de personnes des verbes au passif. Il faudrait traduire, en effet, à propos des brebis dont le pouvoir doit se préoccuper : « l'affaiblie », « la maladisée », « la blessée », « l'expulsée ». La souffrance met en position de passivité. La passion, le pâtir et la passivité appartiennent au même champ sémantique. Les victimes ne peuvent plus être acteurs. Dès lors, la mission du politique est de remettre celui qui ne peut plus agir en situation d'acteur. L'objectif n'est pas de simplement prendre le faible en charge, mais bien de le fortifier, de le faire sortir de sa faiblesse.

Si le politique faillit à sa mission le désordre s'installe et, dans les situations de confusion, ce sont les faibles qui sont les premières victimes. C'est ce que la prophétie nous suggère ici avec son image du troupeau dispersé.

L'action de Dieu face à de telles carences est de se substituer aux chefs défaillants : *Comme le berger recherche ses brebis, lorsqu'il voit le troupeau dispersé, ainsi je chercherai un à un mes moutons et les délivrerai* [...]. *J'irai à la recherche de ceux qui sont désemparés.* Bien sûr on pense, en lisant ces phrases, à la parabole de la brebis perdue dans les évangiles. Il est intéressant de voir que ce qui est décrit ici comme le mode d'action de Dieu est, dans les évangiles, attribué aussi bien à Dieu qu'à l'Église. Cette parabole est, en effet, insérée dans l'évangile de Matthieu (Mt 18.12-13), juste avant le passage qui parle de l'attitude à avoir envers un frère qui s'égare (Mt 18.15-20). L'Église, tout comme Dieu, doit agir là où les gouvernants sont défaillants, non pour assister simplement, mais aussi pour fortifier.

Cela donne diverses pistes mais, en même temps, nous pouvons penser que cela ne nous concerne guère. Après tout, nous ne sommes pas des bergers, nous n'avons pas de pouvoir, nous sommes des membres d'Église de base, nous sommes des citoyens de base, alors, que les grands fassent leur travail ! À la limite nous voulons bien prier pour les anciens ou les conseillers presbytéraux dans nos Églises, nous acceptons de prier pour ceux qui nous gouvernent mais nous n'irons pas plus loin. Que les chefs soient altruistes et qu'ils s'occupent de nous ! Mais justement, au verset 17, il y a dans le texte de la prophétie d'Ézéchiel une extension subite qui fait que, cette fois-ci, tout le monde est concerné et pas seulement les bergers. L'adresse est claire : *Quant à vous, mon troupeau.* Ézéchiel parle alors des rapports entre les brebis elles-mêmes.

Le prophète laisse entendre que nous avons besoin que les autres aient moins que nous, quel que soit ce que nous avons :

Le bon pâturage qui vous est donné en pâture ne vous suffit pas ?
Vous avez besoin de piétiner le reste de l'herbe ?

Il parle ensuite des rapports de domination qui se structurent entre les brebis elles-mêmes et une fois de plus on pense à Matthieu 25 appliqué non plus aux seuls gouvernants mais à tout le monde :

Je vais juger entre la brebis grasse et la brebis maigre.

Plus loin on pense à la parabole du bon berger dans Jean 10 quand Ézéchiel annonce :

Je susciterai pour elles un berger unique et il s'occupera d'elles (ce sera mon serviteur David). Lui s'occupera d'elles. Lui sera pour elles un berger.

À comparer avec Jn 10.16 :

J'ai encore d'autres brebis qui ne sont pas de cet enclos ; celles-là aussi, il faut que je les mène ; elles écouteront ma voix ; et il y aura un seul troupeau, un seul berger.

Le Nouveau Testament a, une fois de plus, abondamment puisé dans les images construites par Ézéchiel. Dans la situation néo-testamentaire qui n'était pas très différente de celle de l'exil, avec une faible autonomie politique et une pluralité d'influences culturelles, Jésus rappelle l'importance du rassemblement d'un peuple autour de convictions partagées et d'un exercice du pouvoir qui ne soit ni celui d'un mercenaire, ni celui d'un brigand, ni celui d'un voleur. Le bon berger de l'évangile de Jean est, par son existence même, une critique des autres bergers. La dynamique du berger qui se met à la recherche de la brebis perdue constitue, également, tout à la fois un modèle à mettre en œuvre et un appel à suivre ce modèle. Cela est d'autant plus important dans une situation exilique où les repères s'évanouissent, où la dispersion prédomine et où les faibles sont particulièrement menacés. L'autre leçon d'Ézéchiel est que dans ces îlots de bon gouvernement la sauvagerie recule. C'est ce qu'indique la fin de sa prophétie.

On remarquera que j'hésite entre l'action de Dieu et l'action des croyants, passant de l'une à l'autre. Ce passage incessant est également celui du texte. Après tout Dieu n'intervient ici que par défaut, du fait de la défaillance des bergers. De même, on l'a dit, la parabole de la brebis perdue concerne aussi bien Dieu que l'Église. Et puis il y a un autre détail du texte qui mérite attention : pratiquement tous les verbes de ce passage qui évoquent l'action de Dieu sont au mode hébreu du *Hiphil*. Ce mode, inconnu en français, est un mode qui parle d'une action indirecte : on fait faire quelque chose. Par exemple le *Hiphil* de « venir » signifie « faire venir ». Dieu a, ainsi, choisi de faire faire plutôt que de faire directement. Il aime avoir besoin de nous et passer par nous. Naturellement, si nous sommes défaillants, il agira directement, mais c'est un pis-aller.

Ici c'est le premier pas de la reconstruction : reconstruire une vie sociale basée sur l'entraide, sur la fortification du faible. C'est ainsi qu'émergeront des groupes de référence au sein d'une situation d'éclatement et de dispersion. C'est ainsi que nous contribuerons au projet de Dieu au sein de l'exil, pourvu que nous ne cédions pas à cette passion de l'inégalité et du parasitage dont on nous parle ici.

L'ouverture eschatologique finale : un goût d'inachèvement

Pour le reste et au risque de choquer je dirai que la fin du livre d'Ézéchiel ne me paraît pas être à la hauteur du début. Elle me semble s'enfermer dans la nostalgie plus que proposer une véritable ouverture. On n'est pas obligé d'être d'accord avec moi, cela va sans dire ! Mais je lis cela de la même manière que je lis certains Psaumes où j'ai du mal à rejoindre les psalmistes. Je peux comprendre que, dans certaines circonstances, on en reste à un certain stade. La fin du livre témoigne, après tout, aussi

Ossements desséchés,
Ecoutez !
Voici ce que le Seigneur
vous déclare :
Je vais vous réanimer
et vous reprendrez vie
Ez. 37. 4-5

du fait qu'Ézéchiel n'a pas connu la fin de l'exil. Le livre n'est pas fini car l'exil n'est pas fini non plus. Il reste quelque chose d'inaccompli.

Le livre comporte, en fait, deux fins[1]. La première se trouve aux chapitres 38 et 39 avec les prophéties contre Gog. Ces prophéties généralisent un ensemble de conflits possibles en les portant à la hauteur d'une lutte finale et paroxystique, d'une lutte totale entre le bien et le mal. La démarche allégorique dont nous avons parlé atteint ici son point ultime car on ne parle plus d'une figure typique, construite à partir d'une situation historique donnée, mais, directement, d'un personnage abstrait : le dénommé Gog. Le pays de Magog où réside Gog c'est nulle part et partout.

Voyons déjà cette première fin.

À vrai dire il y a quelque chose d'inquiétant dans ces visions. Ainsi, au chapitre 38, toutes les nations se tournent contre Israël : au verset 2 Méshek et Toubal qui sont deux lieux d'Asie Mineure, au verset 5 la Perse à l'extrême est, la Nubie (l'Éthiopie) et Puth (région d'Afrique à côté de l'Éthiopie) à l'extrême sud, au verset 6 Gomer et Beth-Togarma, en Arménie, à l'extrême nord, au verset 13 Saba (royaume arabe), Dedân (au sud-est d'Édom) à l'extrême sud-est, et Tarsis à l'extrême ouest. Cette description rend compte d'une mentalité d'assiégé, tous les points cardinaux étant balayés les uns après les autres. Aux versets 15 et 16 l'image d'une invasion complète apparaît explicitement : *Troupe énorme, armée innombrable ; tu monteras contre Israël mon peuple, tu seras comme une nuée qui recouvre la terre*. Le malaise gagne définitivement lorsqu'on lit cette description du peuple d'Israël : *Un peuple rassemblé d'entre les*

[1] Ce qui ne veut pas dire, à mes yeux, qu'il y a eu des remaniements. Je pense plutôt qu'Ézéchiel conclut de deux manières en délivrant deux messages.

nations, adonné à l'élevage et au commerce, qui habite sur le nombril de la terre (v. 12). Honnêtement, se prendre pour le nombril du monde en pensant que tout le monde veut votre peau ce n'est pas tout à fait normal !

La reprise des thèmes de la première vision dans la deuxième vision du chapitre 39 n'est guère plus rassurante. Qu'on en juge d'après la scène de vengeance que Dieu promet à Israël suite à l'attaque des peuples hostiles :

> *Dis aux oiseaux de toute espèce et à toutes les bêtes sauvages : Rassemblez-vous, venez, réunissez-vous de partout alentour pour le sacrifice que je vous offre, un grand sacrifice sur les montagnes d'Israël, et vous mangerez de la chair et vous boirez du sang. Vous mangerez la chair des héros, vous boirez le sang des princes de la terre. Ce sont tous des béliers, des agneaux, des boucs, des taureaux gras du Bashân. Vous mangerez de la graisse jusqu'à satiété et vous boirez du sang jusqu'à l'ivresse, en ce sacrifice que je vous offre. Vous vous rassasierez à ma table, de chevaux et de coursiers, de héros et de tout homme de guerre, oracle du Seigneur Yahvé* (Éz 39.17-20).

Cet appel au cannibalisme me fait frémir, même si on peut lire cette évocation d'une manière métaphorique.

Cela dit, il faut se garder de dire trop vite qu'Ézéchiel est fou. On retrouve, en fait, systématiquement ce genre d'idées chez des peuples colonisés ou dans des groupes sociaux dominés. Ils n'ont pas d'alliés et, donc, tout le monde est contre eux. L'extrême de leur souffrance leur fait ensuite espérer que ceux qui les font souffrir connaîtront à leur tour la même souffrance. L'extrême de la souffrance fait souhaiter l'extrême de la vengeance.

On m'excusera de la comparaison, mais cela me fait penser à *L'Internationale* et, par exemple, à ce couplet :

Les rois nous saoulaient de fumées
Paix entre nous, guerre aux tyrans
Appliquons la grève aux armées
Crosse en l'air, et rompons les rangs.
S'ils s'obstinent, ces cannibales
À faire de nous des héros
Ils sauront bientôt que nos balles
Sont pour nos propres généraux.

Sans aller aussi près de nous dans l'histoire, on a retrouvé à Qumran un document de combat, *La Règle de la Guerre*, dont le nom, à lui seul, est tout un programme, et qui mobilise la figure de Gog :

> *Jadis tu as annoncé le moment où tu déploieras la puissance de ta main contre les Kittim* (les Romains), *en ces termes : Et Assur tombera sous les coups d'une épée qui ne sera pas celle d'un homme, et une épée qui ne sera pas une épée humaine le dévorera. Car c'est dans la main des Pauvres* (les membres de la secte de Qumran) *que tu livreras les ennemis de tous les pays et par la main de ceux qui sont courbés dans la poussière que tu abaisseras les vaillants des peuples* [...] *afin d'être exalté et sanctifié aux yeux des autres nations* (en exerçant) *des jugements contre Gog et contre toute son assemblée, car tu combattras contre eux du haut du ciel* (*Règle de la Guerre*, XI, 11-17)[1].

On voit qu'on se situe dans la même ambiance de vengeance sanguinaire. Les pauvres, ceux qui sont *courbés dans la poussière* aujourd'hui, espèrent une vengeance demain.

---

[1] Cité d'après André Caquot et Marc Philonenko, *op. cit.*, p. 212.

Donc Ézéchiel s'arrête à l'extrême de la vengeance mais, répétons-le, il reste en exil. Pour notre part nous ne sommes en exil qu'en partie. Nous vivons un plus grand confort que lui. Alors gardons-nous de juger.

Au passage cela situe dans quel contexte Jésus a surgi et on comprend à quel point son eschatologie a dû être décevante pour ses contemporains. Le scandale de la croix dont parle Paul (1 Co 1.23) est que la vengeance n'est pas accomplie à court terme. Dans l'Apocalypse de Jean, la victoire est celle de l'agneau immolé (Ap 5.5-6) et, plus généralement, la croix est décrite par les auteurs du Nouveau Testament comme une victoire, ce qui est une manière de dire que c'est le pardon qui est une victoire et non pas la vengeance[1]. Puisque nous avons cité *L'Internationale* il faut dire que nous sommes ici au cœur du débat avec le marxisme. Le christianisme ne propose pas de victoire ici et maintenant, pas de vengeance exercée par l'homme. Pour un marxiste c'est inacceptable. Sa déception est la même que celle des juifs du temps de Jésus.

Le christianisme propose, en fait, une réconciliation avec Dieu et devant Dieu, entre les ennemis d'hier, comme l'écrit l'épître aux Éphésiens :

> *Voici qu'à présent, dans le Christ Jésus, vous qui jadis étiez loin, vous êtes devenus proches, grâce au sang du Christ. Car c'est lui qui est notre paix, lui qui des deux peuples* (Juifs et Grecs) *n'en a fait qu'un, détruisant la barrière qui les séparait, supprimant en sa chair la haine* [...]. *Et il les a réconciliés avec Dieu, tous deux*

---

[1] Évidemment il reste tout le thème de la vengeance de Dieu suspendue mais maintenue. Cela dit ce thème est toujours employé comme un encouragement au pardon et à la patience. Faudrait-il comprendre le texte d'Ézéchiel de cette manière ? Je ne le pense pas : ici on a bien l'image d'une vengeance directe et coup pour coup dans l'histoire.

en un seul Corps, par la Croix : en sa personne il a tué la Haine (Ép 2.13, 14, 16).

C'est une autre perspective, assurément, et il me semble bien qu'un seul auteur de l'Ancien Testament a vu aussi loin : c'est le prophète Ésaïe. Après toute une liste de prophéties contre les nations semblables à celle d'Ézéchiel, avec cette même image d'un encerclement d'Israël dans toutes les directions de l'espace, il voit soudain une ouverture :

Ce jour-là, il y aura un autel dédié à Yahvé au milieu du pays d'Égypte et, près de la frontière, une stèle dédiée à Yahvé. Ce sera un signe et un témoin de Yahvé Sabaot au pays d'Égypte. Quand ils crieront vers Yahvé par crainte des oppresseurs, il leur enverra un sauveur et un défenseur qui les délivrera. Yahvé se fera connaître des Égyptiens, et les Égyptiens connaîtront Yahvé, en ce jour-là. Ils offriront sacrifices et oblations, ils feront des vœux à Yahvé et les accompliront. Et si Yahvé a frappé les Égyptiens, il frappera et guérira, et ils se convertiront à Yahvé qui accueillera leurs demandes et les guérira. Ce jour-là, il y aura un chemin allant d'Égypte à Assur. Assur viendra en Égypte et l'Égypte en Assur. L'Égypte servira avec Assur. Ce jour-là, Israël viendra en troisième avec l'Égypte et Assur, bénédiction au milieu de la terre, bénédiction que prononcera Yahvé Sabaot : Béni mon peuple l'Égypte, et Assur l'œuvre de mes mains, et Israël mon héritage (És 19.19-25).

Voilà le vrai but : convertir nos ennemis et non les vaincre. Tout le monde ne retrouve pas son compte dans un tel message. Pourtant seule la réconciliation fait avancer l'histoire. Et l'on ne peut pardonner que lorsqu'on a soi-même le sentiment d'avoir beaucoup à se faire pardonner. Voici la vraie dynamique en exil :

l'appel à la repentance et au pardon, bien plus que l'espoir sanguinaire et implacable de la vengeance.

Venons-en alors, maintenant, à la deuxième fin du livre d'Ézéchiel, qui me semble inaboutie, elle aussi, bien qu'elle comporte, elle, par contre, une ouverture qui la dépasse et permet d'aller plus loin. Cette deuxième fin est la vision grandiose d'un Temple renouvelé à Jérusalem. Elle s'étend du chapitre 40 jusqu'à pratiquement la fin du livre. Tout ne concerne pas directement le Temple mais tout s'y ramène. Une fois la description proprement dite du Temple terminée (elle s'étend du chapitre 40 au milieu du chapitre 43) diverses annexes sont rassemblées. Entre le chapitre 43.18 et la fin du chapitre 44 figurent des ordonnances pour régler le culte. Il y a un passage qui concerne le partage du territoire d'Israël afin de délimiter une portion sacrée en son centre (45.1-8), ensuite reprennent des ordonnances essentiellement rituelles (45.9 jusqu'à la fin du chapitre 46), ensuite il y a le passage dont nous allons parler plus longuement ci-dessous, et puis le livre se termine par une délimitation du territoire d'Israël tribu par tribu qui converge, une fois de plus, sur Jérusalem et sur son Temple.

Faut-il le dire ? La description du Temple me laisse de marbre. Quelques versets du début de cette description suffiront à faire comprendre ce que je veux dire :

> *Or voici que le Temple était entouré de tous côtés par un mur extérieur. L'homme tenait dans la main une canne à mesurer, de six coudées d'une coudée plus un palme. Il mesura l'épaisseur de la construction : une canne, et sa hauteur : une canne.*
> *Il vint vers le porche qui fait face à l'orient, il en gravit les marches et mesura le seuil du porche : une canne de profondeur.*

La loge : une canne de longueur sur une canne de largeur, le pilastre entre les loges : cinq coudées, et le seuil du porche, du côté du vestibule du porche, vers l'intérieur : une canne.
Il mesura le vestibule du porche, vers l'intérieur : une canne (Éz 40.5-8).

Et ça continue comme cela pendant près de trois chapitres ! Ce temple géométrique, minéral et sans vie est aussi froid que la mort. Mais, une fois encore, cela s'explique par le contexte dans lequel Ézéchiel se trouve. L'extrême de la souffrance peut faire espérer une vengeance terrible, elle peut aussi provoquer un comportement de fuite. L'histoire nous a donné de nombreux exemples de ces deux types de réaction. Ézéchiel les a connues, manifestement, toutes les deux. Cette réaction de fuite est très clairement décrite dans le Psaume 55 :

Mon cœur se crispe dans ma poitrine ; des frayeurs mortelles sont tombées sur moi,
Crainte et tremblement me pénètrent, et je suis couvert de frissons.
Alors j'ai dit : Ah, si j'avais des ailes de colombe ! Je m'envolerais pour trouver un abri.
Oui, je fuirais au loin pour passer la nuit au désert.
Je gagnerais en hâte un refuge contre le vent de la tempête (Ps 55.5-9).

Dans la souffrance on fuit, on se replie, on va au désert, là où il n'y a plus personne. On fuit dans la nostalgie et dans l'imaginaire. Dans la vision d'Ézéchiel transparaissent la nostalgie du Temple et le statut de prêtre qui était le sien autrefois. Mais plus que cela, on lit aussi la nostalgie d'un monde d'ordre et de régularité où l'on n'est pas troublé par l'histoire et sa fureur. Ces mesures interminables et régulières traduisent cette recherche d'un monde épuré, où les conflits se sont éteints et où la géométrie domine sans partage sur les accidents de parcours. Même la carte imaginaire d'Israël, qu'Ézéchiel construit à la fin du livre, répartit le territoire en bandes de terrains régulières et géométriques, ignorant les frontières historiques entre tribus aussi bien que les frontières naturelles, reliefs ou fleuves.

Il s'agit en fait de ce qu'un psychologue appellerait une régression : la volonté de revenir au ventre maternel où les pulsations sanguines émettaient un bruit régulier, la volonté de connaître à nouveau le bercement régulier des bras maternels. Ézéchiel veut revenir dans ce désert où il cherche l'harmonie et la tranquillité. Mais au fond du désert, au fond de la régularité, il y a la mort. Ce désir infini de régularité serait repéré aussi par un psychologue comme le type même du désir de mort. Quand plus rien ne bouge c'est la mort.

Une fois de plus la réaction d'Ézéchiel est normale : qui n'a pas souhaité s'enfoncer dans le sommeil et l'absence face à des problèmes délicats ? Le prophète Élie, après sa confrontation avec les prophètes de Baal et les menaces de Jézabel a fui, lui aussi, au désert. Le récit vaut la peine d'être rapporté :

> *Il marcha dans le désert un jour de chemin et il alla s'asseoir sous un genêt. Il souhaita de mourir et dit : C'en est assez maintenant, Yahvé ! Prends ma vie, car je ne suis pas meilleur que mes pères. Il se coucha et s'endormit* (1 R 19.4-5).

Voilà ! C'est tout à fait typique de ce désir de mort dont je parle !

Pourtant tout cela n'est pas le dernier mot d'Ézéchiel. Au chapitre 47 figure, en effet, un élément qui détonne par rapport au tableau que je brosse. C'est le moment de le lire, à présent :

le Seigneur dit :
je vais demeurer
parmi les israëlites
pour toujours
Ez. 43.7

Ézéchiel 47 :

1 *L'homme me ramena à l'entrée Est du temple, et j'aperçus de l'eau qui suintait de sous l'entrée vers l'Est, d'abord, puis qui obliquait vers le Sud.*

2 *L'homme, ensuite me fit sortir par la porte Nord et tourner autour du bâtiment, sur le chemin extérieur.*
En arrivant à la porte Est il y avait bien de l'eau qui suintait.

3 *Nous marchâmes le long du ruisseau, et l'homme mesurait la distance parcourue.*
Au bout de mille coudées il me fit traverser : l'eau m'arrivait aux chevilles.

4 *Mille coudées plus loin il me fit traverser encore : l'eau m'arrivait aux genoux.*
Encore mille et j'avais de l'eau jusqu'aux hanches.

5 *Encore mille et, cette fois-ci, impossible de traverser : c'était devenu un torrent dans lequel il fallait nager.*

6 *As-tu vu ?, me dit-il.*
Alors il me promena sur les rives du torrent.

7 *Il y avait des arbres en grand nombre des deux côtés.*

8 *Oui, me dit-il : les eaux partent vers le sud-est.*
Elles traversent la steppe et vont jusqu'à la Mer Morte, et quand elles pénètrent dans la Mer Morte ses eaux sont assainies.

9 *Alors ce fut une profusion d'êtres vivants.*
Le torrent semait la vie autour de lui.
Le poisson se multipliait en son sein,

10 *Et des pêcheurs s'installaient sur les deux rives de la Mer Morte,*
depuis Ein-Guédi jusqu'à Ein-Églaïm.
Il y avait des étendoirs pour les filets.
Les espèces de poisson étaient aussi nombreuses qu'en Méditerranée.

11 *Il y avait juste un reste de lagune et de marais pour fournir le sel.*
12 *Sur les rives du torrent poussaient arbre fruitier sur arbre fruitier.*
Le feuillage ne fanait plus, les arbres portaient sans cesse du fruit.
Chaque mois un fruit nouveau.
Les eaux venaient du temple, elles fertilisaient les arbres.
Les fruits servaient de nourriture et les feuilles de remède.

Ce surgissement brutal d'eau est un signe de vie au milieu de ce tableau de mort. C'est une histoire de résurgence, une manière de dire que la vie prend le dessus malgré tout. On notera la progression de cette eau qui n'est qu'un tout petit ruisseau au départ et qui devient un torrent impétueux pour finir. La revitalisation de la Mer Morte est aussi un symbole transparent de surgissement de la vie au sein d'une situation dominée par la mort.

Cette régression, ce désir de sommeil et de mort, cette nostalgie, ne sont qu'une solution temporaire. Ils représentent une phase. Mais la sortie n'est pas dans un surcroît de mort quand tout va mal. Il ne s'agit pas de tomber dans une sorte de grande bouderie. Toujours, après les moments de découragement, il y a cette force de vie qui nous pousse à nouveau en avant. C'est d'abord un petit ruisseau, ensuite une force qui pousse nos chevilles, puis nos genoux, puis nos hanches, et finalement c'est un torrent qui nous emporte. Cette force de vie est assez puissante pour redonner vie à tout ce qui est mort en nous et autour de nous.

Le ton de cette vision aquatique est celui d'un bouillonnement, d'un foisonnement, d'une joyeuse effervescence, loin de la géométrie implacable de la mesure du temple. L'Apocalypse de Jean s'inspirera, une fois encore de ce contraste. La description de la Jérusalem céleste (Ap 21 et 22) emprunte, en effet, à la vision d'Ézéchiel. On notera, cependant, les différences, qui sont notables. Chez Jean on parle rapidement des mesures sans s'appesantir (trois versets seulement) ; en revanche il y a plus d'indications qualitatives sur le contenu de la ville. Le fleuve est présent lui aussi. Et puis la différence essentielle figure dans un verset qu'on peut presque prendre pour un verset polémique à l'égard d'Ézéchiel :

> *De temple, je n'en vis point en elle ; c'est que le Seigneur, le Dieu Maître-de-tout, est son temple, ainsi que l'Agneau* (Ap 21.22).

En effet Jean décrit une ville et non pas un temple. Il décrit le lieu de vie d'une communauté d'égaux qui célèbrent en chœur Dieu le Père et Jésus-Christ.

Jean a vu plus loin qu'Ézéchiel. Il a connu la révélation de Jésus-Christ. Ézéchiel est une balise sur le chemin mais il n'est pas allé jusqu'au bout du chemin. Quoi qu'il en soit, la conclusion un peu en queue de poisson du livre d'Ézéchiel témoigne qu'après le découragement il y a la vie. Après avoir souhaité la mort on repart de l'avant pour donner la vie autour de nous. Élie, lui aussi, s'est relevé et est reparti de l'avant :

> *Il se leva, mangea et but, puis soutenu par cette nourriture il marcha quarante jours et quarante nuits jusqu'à la montagne de Dieu, l'Horeb* (1 R 19.8).

Toujours nous repartons au milieu de l'exil, guettés par la nostalgie d'un monde uniforme et sans conflits, mais portés aussi par cette force de vie que Dieu met en nous, cette force qui nous tient debout. Ainsi laissons-nous Ézéchiel, dans cette tension ambiguë entre nostalgie et marche en avant, sur cet ultime verset, consacré à la ville au-delà du seul temple, et qui semble indiquer, quand même, qu'Ézéchiel se souvient des leçons des premières visions :

Le nom de la ville sera désormais : Le Seigneur est là (Éz 48.35).

Et nous... ?

Nous sommes tous des exilés. Arrêtés nous-mêmes à mi-chemin. En route, certes, avançant, peut-être, entrevoyant la ville munie de fondations (Hb 11.10-16), mais à mi-chemin. Nous désirons reposer mais nous sommes emportés dans le flot des conflits quotidiens. Nous cherchons à fuir, mais nous devons faire face. Faire face, fuir, partir, revenir, s'arrêter, repartir. Au fond du désert nous nous replions, puis nous revenons arpenter les rues de la ville.

Qui peut se dire exempt de pensées de vengeance ? Qui n'a jamais voulu être reconnu, enfin, à sa juste valeur ? Qui n'a pas souhaité que le groupe qu'il représente soit au centre des regards ? Autant dire le nombril du monde... Qui n'a jamais vacillé au bord de la paranoïa sur le mode : tout le monde est contre moi, contre nous ? Qui n'a jamais caressé l'idée de dévorer, détruire, déchirer, écrabouiller ses oppresseurs ou même ses contradicteurs ?

Nous sommes tous des exilés : en quête sans trouver tout à fait ; agités sans vraiment nous reposer ; désirant la plénitude mais regrettant la finitude ; assis et pourtant fragiles ; assurés et pourtant menacés ; reconnus et pourtant solitaires ; jamais arrivés, toujours frustrés, insatisfaits.

Nous sommes des chevaliers sillonnant la plaine en rêvant d'un monde de paix. Nous savons d'où nous sommes partis. Nous visons l'étoile au loin. Mais nous ne savons pas de quoi sera fait demain. Et dans l'espoir que Paul lui-même formule : *Alors ce sera face à face* (1 Co 13.12) ; *Dieu sera tout en tous* (1 Co 15.28) ; *Nous serons toujours avec le Seigneur* (1 Th 4.17), nous lisons la force des soupirs qu'il exprime de concert avec la création (Ro 8.22-23).

Nous sommes tous des exilés : partis, en voyage, désorientés, ballottés, surnageant, mal à l'aise dans les systèmes de pensée de notre époque, à l'étroit dans le rôle que la société nous assigne, déstabilisés par l'agressivité des autres, recevant les coups de la vie en courbant l'échine. Oh ! combien je me sens proche, parfois, de cette pensée ouverte et inaboutie d'Ézéchiel, de cette conclusion en queue de poisson, de cette sorte paradoxale de nostalgie active, de cette vengeance retenue ! Livre ouvert mais jamais clos, Ézéchiel se borne à espérer. Il termine sur un point de suspension. À suivre…

Monde traversé de contradictions, systèmes de pensée bancals, lieux de vie multiples et concurrents, rôles hétérogènes que nous remplissons à longueur de semaine, vies sans unité, projets heurtés, inventaire décousu qui forme le tissu de nos existences, capitaines de navire ballottés entre des vents contraires, nous bataillons pour maintenir le cap. Le saut de pensée est devenu notre mode de vie. Un monde réputé rationnel se fissure sous nos yeux et éclate en morceaux épars.

Des forces de violence laminent nos lieux de vie. Villages ravagés par une fermeture d'usine, bourgs vidés par l'exode rural, banlieues atomisées par le chômage, centres-villes craquelants sous la laque des vitrines, mégalopoles du Tiers-Monde ceinturées de bidonvilles géants, foyers ravagés par les discordes familiales, existences torturées par l'échec scolaire, vies de travail empoisonnées par l'humiliation et la soumission forcée. Territoires modernes de nos exils où le carton-pâte tente de reconstruire des lieux de pacotille dans les centres commerciaux ou dans les studios de télévision.

Tous minoritaires, tous obligés d'argumenter, de nager à contre-courant, de faire avec, de composer. Tous sortis de nos lieux et de nos habitudes, heurtés par la nouveauté et l'innovation, devant recomposer sans cesse la ligne de nos existences. Ailleurs, plus loin, en avant de ce que nous voulons. Emportés par le maelström de systèmes aveugles que nul ne gouverne, nous portons les stigmates de l'exil.

Chômeurs déprimés, chefs d'entreprise stressés, Français abrutis de somnifères et de calmants, citadins pressés, parents débordés, enfants déboussolés, nous sommes tous des exilés.

À propos de la situation d'exil

Le point de vue le plus étonnant sur la situation d'exil se trouve, en fait, non pas chez Ézéchiel, mais chez son contemporain Jérémie qui, lui, était resté à Jérusalem lors de la première déportation.

L'exil semble, en effet, à première vue, être une perte, quelque chose de mal. On a vu dans tout le livre d'Ézéchiel le poids de souffrance que cette situation entraînait. Ézéchiel cherche des compensations à cette perte sur différents modes, nous avons dit lesquels. On a vu, par ailleurs, les tentations multiples de mimétisme béat dont l'exil est potentiellement porteur. Or, sans nier cette perte et cette souffrance, sans faire l'impasse sur les tentations de l'exil, Jérémie souligne, pour sa part, les côtés positifs de l'exil. Toute la section qui va du chapitre 24 au chapitre 29, dans le livre de Jérémie, est un long plaidoyer en faveur des potentialités de l'exil, alors même qu'on se situe, comme au début du livre d'Ézéchiel, entre les deux déportations. Plus tard encore, au moment du siège final de Jérusalem, Jérémie conseille au roi de Juda, Sédécias, de se rendre de lui-même au roi de Babylone plutôt que de résister (Jr 38.17). Au chapitre 24,

Nous sommes tous des exilés !
avec Ezéchiel

Jérémie raconte sa vision de deux paniers de figues, d'où il ressort que la bonne part d'Israël, celle où il va se passer quelque chose de positif, est celle qui est déjà partie en exil, tandis que ceux qui sont restés à Jérusalem ne valent rien. Jérémie est en train de nous dire qu'en exil une renaissance religieuse sera possible alors qu'elle n'est pas possible dans le territoire d'Israël. L'avenir lui donnera raison. La renaissance religieuse, à l'époque d'Esdras et de Néhémie viendra d'exilés qui retourneront au pays, tandis que ceux qui étaient restés sur place végétaient dans le syncrétisme, l'idolâtrie, voire la décadence sociale autant que religieuse.

L'affrontement entre Jérémie et Hananya aux chapitres 27 et 28 reprend les mêmes thèmes. Jérémie proclame que la fidélité à Dieu commande, provisoirement, de s'en remettre au roi de Babylone, tandis qu'Hananya n'imagine qu'un seul avenir possible : le retour d'Israël dans ses murs, avec une religion à nouveau centrée sur le Temple et ses ustensiles sacrés. Ce débat nous livre d'ailleurs une première piste pour comprendre en quoi l'exil peut être positif. Hananya est surtout concerné par le Temple et par ses ustensiles : il a en vue une religion rituelle, tandis que Jérémie va au cœur des choses et s'intéresse au sens de la foi au-delà de tel ou tel rite particulier.

Or il est certain que l'exil favorise un affaiblissement de la religion rituelle. En exil, Ézéchiel, aussi préoccupé par le Temple qu'il puisse être, arrive, malgré tout, à une annonce de ce que les auteurs du Nouveau Testament affirmeront avec force : en tout lieu Dieu habite au cœur de ceux qui l'accueillent pour les renouveler et les faire marcher en nouveauté de vie. La religion rituelle s'efface en exil, coupée de ses supports matériels, tandis que la religion centrée sur le sens et sur l'appel se renforce, au contraire. Aujourd'hui, de même, les orphelins de la chrétienté redécouvrent la force d'une religion de minorité qui doit rendre compte sans cesse du sens et de la direction de ses choix et de ses convictions. Quand plus rien ne va de soi, on redécouvre l'appel à ce cœur de chair, aux entrailles de miséricorde, à l'attention à l'autre, qui sont la source de la vie, et de la vie en société en particulier. Un certain individualisme apparaît, mais pas dans son versant égoïste : dans le fait que chacun est appelé à prendre parti et à se décider. Celui qui se croit en situation de minorité doit se démarquer de ses contemporains et assumer l'individualité de ses choix, même s'il se préoccupe de ses semblables et ne les oublie pas.

La position de Jérémie se confirme et culmine dans sa fameuse lettre aux exilés où il leur recommande :

> *Bâtissez des maisons et installez-vous ; plantez des jardins et mangez leurs fruits ; prenez femme et engendrez des fils et des filles ; choisissez des femmes pour vos fils ; donnez vos filles en mariage et qu'elles enfantent des fils et des filles ; multipliez-vous là-bas, ne diminuez pas ! Recherchez la paix pour la ville où je vous ai déportés ; priez Yahvé en sa faveur, car de sa paix dépend la vôtre* (Jr 29.5-7).

On voit ici l'élargissement que provoque l'exil. Il y a une ouverture aux autres peuples et, donc, une généralisation du message. Ce que les prophéties contre les nations pointent négativement, Jérémie le formule ici positivement. Dieu est concerné par ce qui arrive à toutes les nations et nous croyants sommes solidaires, que nous le voulions ou non, de ce qui arrive à nos contemporains. La situation d'impuissance relative où se trouvent les Juifs en exil ne doit pas leur servir d'excuse pour ne rien faire. Ils doivent continuer à agir à la mesure de leurs forces.

De la confrontation avec une autre culture naît une remise en cause de notre propre foi, de nos propres choix de vie, qui est salutaire. Tandis que ceux qui restent à Jérusalem s'enferment dans leur ronron, leurs combines, leurs rites vides de sens, ceux qui doivent affronter une autre culture doivent questionner leurs convictions au-delà de tel ou tel rite particulier.

Ces remarques ont leur importance, et ce d'autant plus si l'on se souvient qu'Israël, même s'il est revenu d'exil pour partie, n'en est jamais revenu totalement. Après l'exil à Babylone il n'a plus été un peuple souverain, et la culture grecque a mordu de plus en plus sur l'ensemble du Moyen-Orient à partir des conquêtes d'Alexandre. Ainsi est née une religion plus abstraite, moins appuyée sur les rites et plus centrée sur le sens. Ainsi s'est fait jour une ouverture vers la culture grecque qui a permis ensuite au christianisme de déborder les frontières d'Israël. Le judaïsme de la diaspora a été un des points d'appui de la diffusion du christianisme, même s'il fut aussi un de ses opposants. Il suffit de lire les Actes des Apôtres pour s'en convaincre.

De fait, si l'on compare le christianisme aux autres mouvements juifs de l'époque, on sera frappé de constater qu'il a systématiquement affaibli la dimension rituelle de la pratique religieuse. C'est cohérent avec le fait qu'il s'est voulu un lieu de coexistence entre Juifs et Grecs. Il a donc fallu construire une foi commune à deux peuples séparés par des rites différents. Ainsi est née une foi qui ne supposait pas de rituel pour exister. La première Église a revendiqué d'ailleurs sa situation d'exil dans le monde, avec une tension entre une conviction maintenue et une culture étrangère. Le fait même que Jésus ait vécu son enfance en Galilée, lieu d'un judaïsme plus ouvert que celui de la Judée, n'est pas du tout anodin. La Galilée était une sorte de tête de pont du dialogue entre judaïsme et hellénisme, même s'il restait encore beaucoup à découvrir aux Galiléens disciples de Jésus, comme la vision de Pierre au début des Actes (chapitre 10) le montre. Paul, en tout cas, était complètement un homme de la diaspora, et cela se voit.

Plus profondément certains théologiens[1] ont décrit l'incarnation comme un exil de Dieu dans le monde. Dieu est chez lui dans le monde qu'il a créé, et il pourrait se présenter comme le propriétaire, mais il choisit de s'exiler en renonçant à la toute puissance (Ph 2.6-8) et en venant comme un étranger qui propose une voie nouvelle, au sein d'un monde qui le méconnaît. C'est ici tout le thème de l'évangile de Jean :

> *Il était dans le monde, et le monde fut par lui, et le monde ne l'a pas reconnu. Il est venu chez lui, et les siens ne l'ont pas accueilli* (Jn 1.10-11).

Ainsi l'exil qui semble une perte, une punition et une souffrance pour le peuple d'Israël servira aussi dans le projet de Dieu comme une situation pédagogique pour permettre au peuple d'Israël de se préparer à la venue de Jésus-Christ et d'anticiper sur ce que deviendra l'Église : un groupe d'exilés qui témoigne d'une logique autre au sein d'un monde qu'il veut aider (comme l'indique Jérémie dans sa lettre).

Nous sommes tous des exilés et c'est ainsi que Dieu nous veut : étrangers et voyageurs sur la terre.

Puissions-nous mettre à profit cette situation pour approfondir nos convictions !

---

[1] Cf. notamment, Miguel Brun, *Une Théologie de l'exil*, Thèse de 3e cycle en théologie protestante, Université de Strasbourg 2, 1987.

Table des matières

Du même auteur

Ethique Chrétienne et Sociologie, Editions Sator, 1992.

La Prière libérée, A l'école des Psaumes, Editions du Moulin, 1995.

Travail intégré, Société éclatée, Presses Universitaires de France, 1995.

La Ville : notre territoire, nos appartenances, L'incarnation de l'Evangile dans le tissu urbain d'hier et d'aujourd'hui, Editions La Clairière, 1996.

La foi chrétienne à l'épreuve de la crise, Dossier de *Semailles et Moissons*, n° 9, 1997.

La Justice et l'abondance, Editions La Clairière, 1997.

La Justice et la puissance, Editions La Clairière, 1998.

Sur les routes d'une sagesse nouvelle, le livre de Job, Editions Emmaüs, 1998.

Bâtir dans une société en lambeaux, Actualité de Néhémie, Editions du Moulin, 1999.

La Justice et la connaissance, Editions La Clairière, 1999.

L'homme flexible et ses appartenances, Editions de L'Harmattan, 2001.

Collaboration à des ouvrages collectifs :

Le Suicide, Presses Bibliques Universitaires, 1994.

Le Tour de la Bible en 80 jours, Ligue pour la lecture de la Bible, 1997.